La Oración de David en Tiempos de Adversidad

La Oración de David en Tiempos de Adversidad

MICHAEL D. EVANS

BUENOS AIRES - MIAMI - SAN JOSÉ - SANTIAGO

www.editorialpeniel.com

La oración de David en tiempos de adversidad
Michael D. Evans

Publicado por:
Editorial Peniel
Boedo 25
Buenos Aires C1206AAA - Argentina
Tel. (54-11) 4981-6034 / 6178
e-mail: info@peniel.com
www.editorialpeniel.com

Publicado originalmente en inglés con el título:
"The prayer of David in times of trouble"
Publicado por Treasure House
Shippensburg, PA
Copyright © 2003 by Mike Evans.
Euless, TX USA
All rights reserved

Copyright © 2005 Editorial Peniel
Diseño de cubierta e interior: arte@peniel.com

Las citas bíblicas señaladas han sido tomadas de la Biblia versión Reina-Valera,
revisión 1960.

Impreso en Colombia.
Printed in Colombia.

Evans, Mike
La Oracion de David.-1a ed. - Buenos Aires: Peniel, 2005
1. Literatura Piadosa. I. Handley, Karin, trad. II. Título CDD 242
128 p. ; 21x14 cm

CONTENIDO

PREFACIO

Querido lector:

La tribulación es un estado de preocupación o inquietud, causado por una persona o situación. Su objetivo es el de obligarnos a entrar en pánico para que pongamos nuestra fe en las circunstancias y no en Dios. Una asombrosa oración cambió el destino de un hombre aterrado, de su familia y del mundo. Quiero enseñarle a orar esta oración porque también marcará la misma diferencia en su vida ¡si lee este librito y sigue la guía que Dios nos brinda! Comencé a escribir este libro transformador en la ciudad de Jerusalén, sobre esta asombrosa *Oración de David*. Es una oración por la victoria en las batallas de la vida.

Todas las respuestas a las oraciones de David están encerradas en esta asombrosa oración de un minuto de duración, que finaliza diciendo: *"¡Que el Señor conceda todas tus peticiones!"* (Salmo 20:6)

Desde los tiempos de David esta oración ha sido pronunciada por los reyes el día de su coronación. Se utilizaba como medicina durante la peste negra en Europa.

Esta oración es en verdad un himno nacional, ¡adecuado para cantarse al inicio de una guerra, por la victoria!

Se cree que La oración de David se utilizaba en la adoración pública en la iglesia temprana.

Sabemos que nuestro Señor leyó este salmo, que sus ojos vieron estas palabras y sus labios las pronunciaron, y estoy seguro de que Él las oró.

David no era el tipo de persona más característica como para llegar a ser el hombre más bendito de toda la Biblia. Esta asombrosa oración encierra todo lo que David, usted o yo podríamos pedirle a Dios. ¡Las luminarias del cielo se encendían, la mano de Dios se movía y el rostro de Dios se volvía hacia David cuando él oraba esta oración en fe!

David debía elegir entre creer que Dios estaba verdaderamente guiando su vida, o tomar los asuntos en sus propias manos. El camino de la menor resistencia habría llevado a David a la destrucción, como también sucederá en nuestras vidas. David tenía que mirar las promesas de Jehová en lugar de sus propios problemas, para vivir en paz. La paz no era la ausencia de conflicto: era tener el coraje de enfrentar el conflicto y elegir bien. Esto fue cierto en la vida de David y también lo será en su vida, lector.

En esta corta oración de intercesión hay claves de revelación a una vida de asombroso favor. El corazón de David se halla encarnado de manera sobrenatural en *La oración de David*. Y Dios dijo que David era un hombre conforme a su corazón... el corazón que hizo que un pastorcito desconocido, que el mundo veía como insignificante, se convirtiera en el atesorado objeto del destino divino.

¡Lo primero que hay que hacer en tiempos de turbulencias es confiar en Dios! Cuando lo hacemos, nos encontramos habitando la presencia de Dios, como lo hizo David, que en el Salmo 91 declaró: *"No temerás el terror nocturno"* (v. 5). *"El que habita al abrigo del Altísimo morará bajo la sombra del Omnipotente. Diré yo a Jehová: Esperanza mía, y castillo mío; mi Dios, en quien confiaré"* (Salmo 91:1-2)

Una vez que depositamos nuestra confianza en Él –no en nosotros mismos, ni en otros– podemos orar *La oración de David* con fe, poder y autoridad. Luego dejaremos que Dios pelee nuestra batalla.

Si Él lo hizo por David, también lo hará por usted.

Únase a mí ahora, para encontrar la revelación que cambiará su vida.

MICHAEL DAVID EVANS

La Oración de David

Jerusalén: la ciudad de David,
ciudadela de David.

Capítulo I

CATItto

¡PARA QUIENES NO TIENEN UNA ORACIÓN!

"¡Jehová te oiga en el día de conflicto!"

E ste librito que tiene usted en sus manos es para quienes pasan por momentos terribles, para quienes no sienten que "tienen una oración" que puede cambiar su situación.

¡Usted tiene ahora una oración para orar en esas circunstancias!

La oración de David dura un minuto.

Dios ha respondido esta oración una y otra vez, y volverá a hacerlo nuevamente, y otra vez más, y aún más veces.

La única razón por la que *La oración de David* no ha sido respondida más veces, es porque ha estado oculta.

En mis treinta y tres años de ministerio nunca conocí a alguien que hubiera orado esta asombrosa oración.

Sin embargo, cada una de las palabras de la Biblia ha sido dada por inspiración divina. Es decir, que Dios le dio a David esta oración, para que la orara.

¡Este mismo Dios nos da la misma oración, a usted y a mí!

¡Prepárese para conectar su destino con el cielo, y para convertir su pena en gloria!

De la profundidad de un negro pozo, a la colina santa

David era un don nadie ante los ojos del mundo. Nacido en la pobreza, nunca imaginó que el pozo negro en que vivía se convertiría en una colina santa por medio del poder de la oración.

Un joven pobre e ignorado se transformaría en una de las figuras más prominentes en la historia del mundo. Se convertiría en el ancestro más famoso de Cristo.

Jesús no es llamado hijo de Abraham o de Jacob, sino Hijo de David.

La historia de David comienza cuando Dios buscaba ungir a alguien, alguien a través de quien Dios pudiera hablar. La nación de David necesitaba oír la palabra del Señor. Esta nación estaba en crisis, como lo está ahora nuestra nación.

Si hubiera alguien pronunciado el nombre de David, hasta la gente de su pequeño pueblo de Belén habría preguntado: "¿Qué David?" Cuando Samuel el profeta quiso conocer a los hijos de Isaí para ungir a un rey, Isaí ni siquiera reconoció a David como hijo suyo.

"Entonces dijo Samuel a Isaí: ¿Son estos todos tus hijos? Y él respondió: Queda aún el menor, que apacienta las ovejas. Y dijo Samuel a Isaí: Envía por él, porque no nos sentaremos a la mesa hasta que él venga aquí" (1 Samuel 16:11). El *menor* era "el que no importaba demasiado". Y decir que se encargaba de apacentar las ovejas, equivalía a decir que tenía el trabajo de un esclavo. No valía la pena.

El Señor se deleitaba en David. Se deleitaba al punto de que designó la ciudad de David como el punto donde el cielo y la Tierra se encontrarían en el momento del nacimiento de Jesús.

David fue proclamado rey, ¡y ungido! Aún así, seguía apacentando las ovejas. El ungido rey del futuro era el mandadero de sus hermanos, y les traía la comida y el correo. El mayor obtendría la herencia de Isaí, pero el menor de sus ochos hijos obtendría la herencia celestial que superaba todo lo que pudiera imaginarse.

Uno no elige ser rey. Uno es elegido rey. Pero para ser rey de verdad hay que someterse por completo al señorío de Cristo.

Aún después de que David fuera elegido por el rey Saúl para ser su escudero, volvió a casa para cuidar de las ovejas.

El Señor se deleitaba en la dedicación de David hacia su tarea como pastor, una tarea que nadie más quería. El padre terrenal de David le hacía creer que él era solo lo que hacía: un pastor de ovejas. Muchos de los hijos de Dios creen en mentiras. Estas mentiras neutralizan el magnífico plan y propósito que Dios tiene para su vida, y dejan detrás una estela de depresión, desaliento y derrota. Creer en una mentira es tan malo como mentir. ¿Por qué? Porque cuando creemos en una mentira, aceptamos el miedo como norma. Ponemos nuestra fe en nuestros temores. Nos escondemos en un cajón de autocompasión, y ni siquiera nos damos cuenta. El problema se convierte en el foco de nuestra atención. Nuestros ojos no están en el Señor; el problema se convierte en amo y señor nuestro.

El objetivo final del padre de las mentiras es criar más mentiras... semillas de duda que ahoguen la Palabra. Una mentira no solo nos paralizará de regocijarnos en las victorias del pasado, sino que hará que nos escondamos de nuestro destino, que nos rindamos ante el enemigo de nuestra alma.

En el nacimiento de Jesús Dios envió un ángel y una multitud de huestes celestiales a los pastores, que proclamaban: *"Os ha nacido hoy, en la ciudad de David, un Salvador, que es Cristo el Señor"* (Lucas 2:11).

La estrella de la mañana en oriente era señal de su venida.

¡El nombre David significaba "favorecido"! Él no tenía siquiera una idea de cuán grandiosamente favorecido sería.

María, la madre de nuestro Señor, oiría estas palabras: *"¡Salve, muy favorecida! El Señor es contigo; bendita tú entre las mujeres"* (Lucas 1:28). *Usted también es uno de los favoritos de Dios. Entenderá por qué a medida que lea un poco más.*

La Belén de David jamás volvería a ser la misma, y tampoco lo será el lugar donde usted vive, sea un lugar geográfico o una condición espiritual.

Lo que usted lee es una revelación que cambiará su vida.

"Porque un niño nos es nacido, hijo nos es dado, y el principado sobre su hombro; y se llamará su nombre Admirable, Consejero, Dios Fuerte, Padre Eterno, Príncipe de Paz" (Isaías 9:6).

David no tenía conexiones... ni riqueza... ni posición social. Era un don nadie en "los caminos de Dios", que sería alguien en el futuro. La luz celestial del destino brillaría sobre este joven pastorcito que oraba.

No, Dios no buscaba a alguien que tuviera aires de grandeza.

Estaba buscando a un Don Nadie..., con un corazón que orara.

David era desconocido en Israel. Su familia no estaba en el registro de los ricos y poderosos.

Nadie quería el trabajo de David, era un trabajo sucio. Escuche la oración de David pidiendo victoria en la batalla. Comprenderá por qué se ha usado esta oración para reyes y como medicina durante la peste negra.

"Jehová te oiga en el día de conflicto; el nombre del Dios de Jacob te defienda. Te envíe ayuda desde el santuario, y desde Sion te sostenga. Haga memoria de todas tus ofrendas, y acepte tu holocausto. Te dé conforme al deseo de tu corazón, y cumpla todo tu consejo. Nosotros nos alegraremos en tu salvación, y alzaremos pendón en el nombre de nuestro Dios; conceda Jehová todas tus peticiones. Ahora conozco que Jehová salva a su ungido; lo oirá desde sus santos cielos con la potencia salvadora de su diestra"(Salmo 20:1-6).

¿Qué hace usted cuando le asalta el terror físico, social o financiero? ¿Se preocupa? ¿Se enoja o se deprime? ¿Se retira?

En sus momentos de terror ¿está Dios más, o menos, con usted? ¿Usted lo culpa?

¿Pregunta: Dios, cómo pudiste permitir que me pasara esto?

¿Está secretamente enojado con Dios?

¿Ha asistido a su propio funeral... creyendo que sus sueños han muerto?

La buena noticia es que sus sueños no han muerto. Quizá sea viernes, ¡pero se acerca el domingo!

¿Espera un milagro en momentos de terror? El deseo de su corazón es respondido a causa de la semilla que ha sembrado. Una semilla, la semilla de David, cambió el mundo a través de Jesucristo. Las palabras son semillas, su tiempo es semilla y su ofrenda es semilla.

Usted es semilla –sus sueños son semillas– sus planes son semillas.

¿Y qué hay de sus sueños y planes? ¿Espera que sucedan cuando atraviesa momentos de terror? ¿O los deja de lado porque está desalentado?

– Mike ¿podrías volar a la Casa Blanca mañana? Necesito que oren por un hombre. Lamento no poder decirte quién es.

– Claro, Carolyn –dije.

Carolyn Sundseth era el contacto religioso del entonces presidente Ronald Reagan.

Cuando llegué a la Casa Blanca, Carolyn dijo:

– Este es el hombre, Mike.

Al acercarme al hombre repentinamente me vino a la mente un pasaje de las Escrituras:

– Señor –dije– está usted pasando momentos de angustia, pero aquí está lo que dice Dios: *"Cuando pases por las aguas, yo estaré contigo; y si por los ríos, no te anegarán. Cuando pases por el fuego, no te quemarás, ni la llama arderá en ti"* (Isaías 43:2).

Me miró como si yo supiera qué era lo que le angustiaba. Yo no lo sabía, pero ¡Dios sí! Salí de allí y volé a El Salvador, donde tenía una reunión con el presidente Cristiani, y una cruzada en el estadio de San Salvador. Al tomar el periódico de la mañana en San Salvador, en la primera página vi al hombre por quien había orado. Su nombre era Oliver North. Años más tarde me diría lo que esa reunión significó para él.

– Mike –dijo– ese pasaje de las Escrituras fue enviado por Dios. A partir de la Palabra que me diste ese día hace ya muchos años, supe que el Señor podía liberarme. Gracias, muchas gracias por tu afecto.

En ese momento de angustia y tribulación, Oliver North estaba a punto de ser colgado en una cruz política como chivo expiatorio, pero Dios lo salvó. El final de la historia de Oliver North es feliz, de victoria. Permaneció en la Palabra y creyó que Dios lo liberaría, sin que importara lo mal que se viera su situación.

Hay similitudes entre las respuestas de David y las de Oliver North ante las dificultades. David pasó del rechazo a la revelación. Salió de la depresión hacia el deleite. Hay que salir para poder subir. Cuando ponemos nuestras angustias y preocupaciones en las manos del Señor, vemos que no es lo que hemos hecho lo que determinará nuestro destino o disposición. ¡Es lo que sucede cuando abrimos los ojos y vemos hacia dónde vamos! Al igual que David, Oliver pudo ver esto porque guardó en su corazón la Palabra.

Oliver North no se sumió en la autocompasión. Y el libro más grande de inspiración y aliento que se haya escrito, los Salmos, nació del corazón de un hombre decidido a no vivir en la autocompasión. David puso su fe en el Señor en su hora de angustia y terror, y confió en que Dios respondería a su oración. Lo mismo hizo Oliver North. Se elevó por encima de sus circunstancias porque sabía que su Dios estaba por encima de estas, y que lo libraría.

¿Le entusiasma saber que el cielo entero se prepara para celebrar *su* victoria?

¿Por qué utilizaba la iglesia primera los Salmos 20, 21, 22, 23 y 24 al adorar a Dios?

Acabo de darme cuenta: "la revelación determina la realidad".

¡Lo que Dios nos revela es la realidad!

¡El rey David decía lo que Dios decía! Las palabras que pronunciaba son las palabras de Dios, de inspiración divina. Decía lo que dice Dios. ¡Oraba lo que dice Dios! Usted también lo hará.

Orar la Palabra es decir lo mismo que dice Dios. Es mucho más poderoso que lo que usted o yo podamos decir.

– Estoy pasando por un horrendo momento de angustia, Mike –quizá diga usted.

Lo sé, también he estado allí muchas veces. Pero recuerde que "la desesperación es la madre de la inventiva". Si está usted desesperado, entonces tiene hambre de hacer lo que sea para cambiar su situación.

El viaje de su vida de oración de la Palabra de Dios comienza con el Salmo 20.

Como dijo la mujer enferma de flujo de sangre: *"Si tocare solamente su manto, seré salva"* (Mateo 9:21). Usted transformará su pensamiento por medio del poder de la palabra.

Vemos a David orando una poderosa oración, en su desesperación, en el Salmo 20.

¡Vemos a David alabando a Dios después de la victoria en batalla, en el Salmo 21!

"El rey se alegra en tu poder, oh Jehová; y en tu salvación, ¡cómo se goza! Le has concedido el deseo de su corazón, y no le negaste la petición de sus labios. Porque le has salido al encuentro con bendiciones de bien; corona de oro fino has puesto sobre su cabeza. Vida te demandó, y se la diste; largura de días eternamente y para siempre. Grande es su gloria en tu salvación; honra y majestad has puesto sobre él. Porque lo has bendecido para siempre; lo llenaste de alegría con tu presencia. Por cuanto el rey confía en Jehová, y en la misericordia del Altísimo, no será conmovido. Alcanzará tu mano a todos tus enemigos; tu diestra alcanzará a los que te aborrecen. Los pondrás como horno de fuego en el tiempo de tu ira; Jehová los deshará en su ira, y fuego los consumirá. Su fruto destruirás de la tierra, y su descendencia de entre los hijos de los hombres. Porque intentaron el mal contra ti; fraguaron maquinaciones, mas no prevalecerán, pues tú los pondrás en fuga; en tus cuerdas dispondrás saetas contra sus rostros. Engrandécete, oh Jehová, en tu poder; cantaremos y alabaremos tu poderío."

¡David dice lo que dice Dios! Ora lo que dice Dios.

Sí, es tiempo de cosechar. Si tan solo elegimos creer en las palabras de Dios, no andaremos en temor.

"Porque no nos ha dado Dios espíritu de cobardía, sino de poder, de amor y de dominio propio" (2 Timoteo 1:7).

Sé lo que es andar en temor, y también conozco la liberación del temor. ¿Realmente cree usted que Dios responderá a todos sus planes? Si no es así, lo entiendo. También pasé por esa situación en la historia de mi vida. Pero le aseguro que si se une a mí en *La oración de David* cada día, el cielo acudirá presuroso en su dirección. ¡Toda esa pena y amargura se desvanecerán para siempre!

En este librito le haré conocer una revelación de esta oración. Si se queda conmigo, ¡quedará enganchado con Dios! Que Dios lo golpee con esperanza... y que jamás logre recuperarse. Esta es mi oración por usted.

Mi propia historia comienza en una escuelita, en el sexto grado. Mi maestro de historia, el Sr. Morace, dijo:

– Michael Evans, ¿qué quieres ser cuando seas grande?

Todos los demás niños ya habían levantado la mano para anunciar sus sueños.

– Tendré veinte –respondí.

– No, Michael, te estoy preguntando qué quieres ser cuando seas grande, que quieres hacer.

– Tener veinte – repetí. Todos rieron y yo me sentí muy avergonzado.

Sonó la campana indicando el fin de clases. Salí a la calle llorando, sintiéndome una nada. Claro que quería tener veinte cuando creciera. No un título de doctor, ni de abogado, solo veinte años es lo que quería lograr tener. Había comenzado a escaparme de casa a los cuatro años. Nunca llegaba lejos y mis padres ni siquiera se enteraban de mis ausencias. No tenía dónde más ir, así que siempre regresaba a casa.

A los cuatro años corría descalzo. Podría haber andado unas seis o siete cuadras hasta el parque. Un día fresco de otoño corrí pisando las hojas caídas. Había ancianos en sillas de ruedas dando de comer a los pájaros en el parque.

– Hola, niño –dijo una anciana– ven a alimentar a las palomas.

– No –dije, desechando las migas que me ofrecía–. No quiero alimentar a las palomas.

Ahora sé que lo que estaba diciendo en verdad: era: "No me gusta quien soy. No me gusta mi situación. No siento que me ame nadie ni me siento especial. No me gusta este pueblo ni quiero terminar en una silla de ruedas alimentando a las palomas, sin propósito alguno en mi vida. No quiero ser un niño que vive en el barrio más pobre, destinado a una vida de problemas y dificultades".

Estaba seguro de que mi padre me odiaba. Unos días antes de ese momento de pesadilla en que el maestro me preguntó qué quería ser cuando creciera, mi padre había entrado en mi habitación, completamente ebrio. Me había tomado por el cuello y con fuerza me lanzó al aire. Yo me aferré a su mano, intentando desesperadamente librarme de sus fuertes dedos. Me atacó el pánico. Pude sentir mi orina, tibiamente corriendo por mis piernas. Luego, todo oscureció. Cuando desperté en el piso, sentí el olor asqueroso de mi vómito. Estaba cubierto de vómito. Las marcas de los dedos de mi padre seguían en mi cuello.

Cuando fui mayor no podía decirle a mi maestro lo que sucedía en casa. Una vez, en el gimnasio, mis maestros y los demás niños vieron los magullones que tenía en las piernas, golpeadas por cables y perchas. Entonces enviaron a alguien a casa para hablar con mi padre. Yo no les había dicho que él me golpeaba, pero mi padre no me creyó. Me golpeó hasta que sufrí un ataque de histeria y luego me echó en el sótano, sobre el piso de tierra. Entonces juré que nunca dejaría que ningún maestro supiera nada de mí.

Odiaba los viernes. Mi madre no sabía conducir, y yo iba caminando con ella al almacén a comprar provisiones. Luego empujaba el carro hasta nuestra casa.

Vivíamos la discriminación continuamente. La gente solía gritarnos y a veces hasta nos tiraban tomates o huevos.

– ¿Por qué nos odian? –preguntaba yo.

– Oh, es que todos los cristianos odian a los judíos. Piensan que nosotros crucificamos a Cristo. Los cristianos ortodoxos rusos mataron a tu bisabuelo, lo quemaron en Rusia. Los cristianos alemanes enviaron a muchos de mis parientes a las cámaras de gas en Alemania y hasta hacían pantallas para lámparas con su piel. El Papa, Billy Graham y Adolf Hitler, todos ellos eran cristianos. Jesús murió, Michael. Nunca intentes desenterrarlo.

Me contó esta historia muchas veces.

Ese viernes por la noche viviría en mi corazón para siempre. Cerca de la 01:50 desperté al oír gritos. Corrí a la escalera. Mi madre estaba sentada junto a mi padre. Él gritaba:

– ¡Prostituta! Dime acerca de ese cerdo, Michael.

Y la golpeó en el rostro. Lloré y sentí una atroz agonía. Mi madre sufría tanto, y todo era por mi culpa. Corrí, empapado en lágrimas, hacia mi cuarto, y allí me senté en la cama, para seguir llorando amargamente. Pasé horas y horas, una eternidad según me pareció, cubriéndome la cara con las manos.

– Dios ¿por qué he nacido? –grité con desesperación.

De repente sentí que había una luz brillante en la oscuridad de mi cuarto. Me sentí tibio y abrigado, y supe que no se trataba de mi padre. No oí sonido alguno. Mi corazón latía, minuto a minuto. Espié por entre mis dedos. Allí, delante de mí, había dos manos extendidas y en el centro de ellas había cicatrices de clavos.

– ¿Cómo puede ser? Si Jesús está muerto –recuerdo haber pensado mientras alzaba la vista.

– ¡Oh, mi Dios! ¡Es Jesús!

Sentí mucha paz mientras miraba sus ojos sonrientes. Eran asombrosos. Tenían los colores del arco iris. Jamás he visto ojos tan felices. Podía ver a través de ellos. Veía ángeles y belleza imposible de describir.

Entonces, me habló:

– Hijo, tengo grandes planes para tu vida.

Se fue, como había venido. Jamás había oído esas siete palabras maravillosas de parte de mi padre terrenal, nunca.

Eso sucedió hace cuarenta y tres años. No, todavía no he visto a Dios, pero esa noche cambió mi vida para siempre. El Señor respondió a mi clamor, y sané: ya no fui tartamudo ni sufrí de úlcera estomacal, y fui liberado de todos mis temores. Cientos de ellos me habían perseguido hasta entonces.

Fui gloriosamente salvado. La esperanza llenó mi corazón, como la marea del mar. Esa esperanza jamás me ha dejado.

No creo que el Señor haya estado en mi habitación más de un minuto, en la misma habitación donde mi padre casi me había matado unos días antes. *Pero ese minuto cambió mi vida para siempre.*

Una palabra de Dios, una sola mirada de Dios cambiará su vida para siempre.

Si mi oración no hubiera sido respondida, usted no estaría leyendo este libro. Estoy seguro de que yo habría muerto antes de cumplir los veinte años, si no a manos de mi padre, por propia decisión. Lo sorprendente es que *he sentido* la mano de Dios sobre mí en tanto confié en su promesa siempre, como ese primer día del 13 de octubre de 1958.

Mis terrores comenzaron a muy temprana edad:

• Depresión
• Desaliento
• Derrota,

Pensaba que merecía todo lo malo que me sucedía. Pensaba que Dios estaba enojado conmigo. La oración ha destruido el poder de la mentira demoníaca para mí. Y también lo hará por usted, si se atreve a unirse a mí en *La oración de David*. Diga esta oración cada día. Y al hacerlo, vea la poderosa explosión de Dios en su vida.

Mientras escribo este libro mi hermosa esposa, con quien he compartido ya treinta y tres años, mis hijas casadas y mis yernos, y también mi hijo Michael David, están reunidos en nuestro hogar para celebrar el nacimiento de nuestro Señor, ocurrido hace mucho tiempo en el pueblito de David, Belén.

¿Por qué no darle a este libro el título: La oración del rey David? Porque quizá usted no se sienta identificado con un rey. Conocí a un rey, al rey Carlos de España. Solo tuvo tiempo de decirme: "Hola ¿cómo está?" ¡Antes de que pudiera responder se había dirigido a la persona que estaba junto a mí, para decirle exactamente lo mismo! La buena noticia es que para cuando haya terminado usted de leer este libro, **sí podrá** identificarse con un rey.

Siempre quise un hijo a quien amar, posiblemente porque nunca tuve un padre que me amara. Pensaba que solo tendría hijas, lo cual estaba bien. ¡Las amaba tanto! Pero Dios decidió darnos un regalo a Carolyn y a mí. Cuando nación nuestro hijo, Carolyn dijo:

– Cariño, quiero que lleve tu nombre.

Yo sabía que eso era un problema, porque ella quería llamarlo Michael David Evans II, pero yo no tenía un segundo nombre. Bueno, ha adivinado usted. Fui a ver a un juez para que cambiaran mi nombre por Michael David Evans I. Y a menudo le digo a mi hijo:

– Hijo, soy yo quien lleva tu nombre. Cuando crezca, quiero ser como tú.

Así que soy David, y como yo hay cientos de miles de personas promedio en todo el mundo. Yo quería que este libro fuera mi libro, su libro, nuestro libro. Quiero que juntos descubramos principios que enciendan nuestro fuego y nos envíen hacia el cielo en nuestro camino por la vida, con gozo inefable, llenos de gloria.

A lo largo de los años he viajado millones de kilómetros, hablando ante más de cuatro mil auditorios, desde el Kremlin en Moscú, al Palacio Real en Madrid... tocando las vidas de presidentes, reyes, primeros ministros. Todo lo que Cristo me prometió en mi oración, ha sucedido. Él lo ha hecho. Es por esto que tengo tal entusiasmo por esta revelación de *La oración de David*. Dios contesta las oraciones... no solo las del rey David, sino también las suyas y las mías. Orar la Palabra es un arte perdido en el cristianismo. ¿Por qué decir una oración que ya dijo alguien antes? Porque ese "alguien" de quien hablamos, recibió esa oración del Dios Todopoderoso. A través del Espíritu Santo, mientras usted ora *La oración de David*, ora una oración celestial del Espíritu Santo enviada por Dios y registrada en la Biblia. Esta oración es palabra de Dios.

Una palabra de Dios puede cambiar su vida para siempre.

Me uní al ejército cuando tenía diecisiete años, en el programa para jóvenes. A mi mejor amigo (placa canina RA112051) lo mató un francotirador. Mi placa era RA112052. ¡Dios salvó mi vida!

He estado en diversos pozos infernales a lo largo del viaje de mi vida:

• Pozos emocionales
• Pozos financieros
• Pozos geográficos
• Pozos espirituales.

En todos estos lugares me habrían matado si Dios no hubiera respondido a mi oración. Siempre he permanecido firme en la promesa de la Palabra, y la he hecho mi oración. Pero no ha habido promesa que tuviera mayor impacto en mi vida que *La oración de David*. Sí que el espíritu de Dios le dio esta oración a David, sé que no era creación del hombre. Él oraba lo que Dios le indicaba orar. Usted y yo también podemos hacerlo.

¡SOLO DIOS NECESITA VERNOS!

No, no necesita ver a Jesús para ver que sus oraciones son respondidas. Solo Él necesita vernos. No hay sistema de comunicación con Él sino por medio de la oración. Orar la Palabra es la expresión máxima de la oración. Porque no podemos orar la Palabra sin sentir que nuestra fe crece. Y orar en fe puede activar a los ángeles del cielo y transformar a la gente común en gigantes que sacudan naciones.

Orando esta oración he visto el fruto de ella en mi propia vida. Es mi oración que *La oración de David* encienda la fe en su corazón al unirse usted a mí en ella, cada día. Para que juntos podamos oír lo que Él oye, y ver lo que Él ve, ¡para que podamos hacer lo que Él hace!

– ¿Oras la Palabra? –le pregunté a la Madre Teresa cuando pasamos por Roma camino a Jerusalén.

– Todos los días –respondió sonriente–, la oración agranda nuestros corazones hasta que pueden llegar a contener los dones de Dios mismo.

Le relaté mi visión por el reavivamiento y la sanación en la Ciudad de David.

– Me uniré a ti en oración por la sanación del pueblo de Dios en Tierra Santa –dijo.

Luego tomó mi mano y oramos juntos, fue un momento de gozo y gloria indescriptibles.

He orado la oración de David en muchos de los pozos infernales del mundo:

• Irak
• Camboya
• Beirut
• Somalia.

Dios siempre ha oído y respondido esta oración. El Señor se reveló a sí mismo, junto a su plan, ante David. ¿Por qué? *David le había fallado a Dios, cometiendo adulterio, y hasta asesinato. No era perfecto.*

No fue el pecado de David lo que atrajo a Dios hacia él, sino la hambrienta pasión de David de llegar a Dios en oración. Un corazón hambriento que se rindió al señorío de la eternidad encendió una respuesta celestial.

La historia de David es la de un hombre con el rostro formado por el calor de la adversidad. Pero tenía un corazón henchido de divino deleite, y conocía que su Señor era más que capaz de librarlo en tiempos de terror.

David encontró la puerta de entrada a la presencia de Dios. Y Dios se complació tanto en él que permitió que las huellas digitales de David quedaran marcadas en todas partes. El extravagante asunto de amor con David fue la razón para que esto sucediera. Y también es la razón para que sucedan cosas en su vida, lector.

Un pastorcito se convirtió en el más famoso rey de Israel, y reinó en la Ciudad de David –Jerusalén– a pocos kilómetros de las colinas de Belén. Fue un nuevo día para David. *¿Por qué no hacer de hoy el primer día del resto de su vida? Alguien dijo: "Si haces lo que siempre hiciste, obtendrás lo que siempre obtuviste".*

¿Por qué no comprometernos de corazón, a cambiar la rutina? Deje que el poder de orar la Palabra lo lleve a un reino de fe transformadora, donde ya nunca volverá a ser el mismo de antes.

David en verdad tocó a Dios de tal modo que el mundo nunca volvió a ser el mismo.

Usted también puede hacerlo, para que su mundo cambie.

"Por Jehová son ordenados los pasos del hombre, y él aprueba su camino. Cuando el hombre cayere, no quedará postrado, porque Jehová sostiene su mano" (Salmo 37:23-24).

David sabía que era imposible caminar con Dios si no se tiene un corazón devoto.

Oro *La oración de David* con la misma determinación con que oré: "Dios ¿por qué nací?"

Y espero un milagro. No creo que vea a Jesús otra vez, como sucedió cuando tenía yo once años, hasta que lo vea en el cielo. Pero no necesito verlo de nuevo... lo veo en su Palabra. Me envuelve, y me mantiene vivo.

Dios se preparaba para ungir lo que David tenía dentro de sí. Y se prepara para ungir también lo que tiene usted dentro.

David pudo derrotar a los enemigos de su alma, porque permitió que Dios definiera su persona y lo que haría con su vida.

David oró esta oración con un corazón desesperadamente hambriento. Sabía que la oración era su única salida.

Sabía que Dios conocía su nombre, su naturaleza y sus necesidades.

El Nuevo Testamento comienza con Jesucristo, descendiente del rey David. Y finaliza con: *"Yo Jesús he enviado mi ángel para daros testimonio de estas cosas en las iglesias. Yo soy la raíz y el linaje de David, la estrella resplandeciente de la mañana"* (Apocalipsis 22:16).

El Dios de David era un Dios bueno. Y el nuestro también lo es.

"Porque yo sé los pensamientos que tengo acerca de vosotros, dice Jehová, pensamientos de paz, y no de mal, para daros el fin que esperáis" (Jeremías 29:11).

En verdad Dios le dio a David un futuro y una esperanza. ¿Cómo lo hizo? ¡Respondió a las oraciones de David!

Al leer este libro usted aprenderá sobre la revelación de *La oración de David*, "*¡Que el Señor te conceda todas tus peticiones!*" (Salmo 20:6).

Su camino de vida orando las palabras de Dios comienza con el Salmo 20.

Capítulo 2

EL PODEROSO GUERRERO ESPERA

"Que el Señor responda a tu clamor. Que el Dios de
Jacob te proteja de todo mal."

A cababa de predicar en Earl's Court, en Londres. Evander Holyfield, el campeón mundial de peso pesado, había venido para dar su testimonio en la reunión. A su término salimos a comer juntos.

– Evander, cuéntame acerca de tu última pelea con Mike Tyson, le dije.

– Mike, yo estaba en problemas. Mi contrincante era demasiado para mí. No estaba preparado yo para la pelea con Tyson. Y no lograba remontar mi posición, aunque lo intentara. Necesitaba la ayuda del Señor. Tyson iba a acabar conmigo si la ayuda no llegaba pronto. Sabía que estaba en problemas, ¡y que avanzaba hacia ellos a toda velocidad! Acudí a mi esposa, Janice. Es una mujer de Dios que sabe cómo orar. Le pregunté si Dios le había dado algún mensaje para mí.

– Sí –respondió Janice–. El Señor dijo que me daría una canción y que cuando la cantaras el espíritu del Señor descendería sobre ti.

– ¿Dónde está? La necesito ahora mismo.

– Lo siento. El Señor aún no me la ha dado.

– Pasaron los días, y luego una semana. Yo me preocupaba cada vez más. ¿Dónde estaba esa canción? Mi preocupación era cada vez mayor, pero finalmente, un día Jenice vino y me dijo:

– Aquí tienes la canción, poderoso guerrero.

Evander me contó que se trataba de una canción sobre el rey David. Habla de bailar como baila David... de cantar como David.

Evander dijo:

– Cuando la oí, el poder de Dios me golpeó. Corría por la casa, gritando, y decidí que MGM la tocara cuando entraba yo, para que todos pudieran reconocer a Jesús. Mientras me envolvía las manos antes de la pelea, un periodista metió la cabeza en mi camarín y dijo:

– Esta batalla es entre Mahoma y Jesús. ¿Quién ganará?

– Eso me gustó. Sabía quién había ganado la pelea. Tyson era musulmán. Cuando me dirigía al cuadrilátero un pastor de color de una pequeña iglesia me dijo:

– Evander, Dios me dijo que te protegieras la cara en el tercer round. Sí, ganarás, pero protégete el rostro en el tercer round.

– Pensé que quizá Tyson intentaría darme un golpe traicionero cuando yo tuviera la guardia baja. No tenía idea de que intentaría arrancarme la oreja de un mordisco. Pero, alabado sea Dios –dijo Evander señalando el cielo– porque el poderoso guerrero ganó la pelea.

Evander hizo a Jesús su Señor. Le confió sus dones, completamente, y Dios lo bendijo.

La oración de David decía: "Estoy en problemas". ¡En hebreo, problemas significa "en momentos de preocupación"! En momentos de terror, solo podemos elegir entre caminar en el miedo o la preocupación, o andar en la fe y regocijarnos mientras permanecemos en la Palabra.

Dios no quiere que nos preocupemos. Se nos llama a orar por todo, y el Dios de paz mantendrá nuestros corazones y mentes en Cristo Jesús.

David estaba en graves problemas. Había seguido a la carne en lugar de seguir al Señor. Había cometido adulterio con Betsabé. Cuando ella le dijo que estaba embarazada, David envió un mensaje a Joab para que prácticamente matara a su marido, Urías, el hitita (ver 2 Samuel 11).

Dios envió a Natán a David, para que le dijera: *"Tú eres aquel hombre"* (2 Samuel 12:7).

David necesitaba ver las huellas del Salvador, que cubrían sus huellas humanas de pecado.

David sintió terror. Había ocultado su pecado durante casi un año, vivía en la hipocresía y en el engaño. Luego Natán apareció y canceló el permiso de edificación. David ya no podía construir el Templo. En lugar de ello, se acercaba el juicio. David se arrepintió y clamó a Dios con corazón sincero. Sí, estaba en graves problemas.

David vio que no podría ganar batallas. Mientras estuviera en el trono necesitaría ser una oveja, y necesitaba que Adonai, el Señor, fuera su pastor. ¡David quiso jugar con Dios, pero olvidó que Dios aparecería, y jugaría con él!

No es lo que hacemos lo que define quiénes somos, sino quiénes somos lo que define lo que hacemos.

Cuando rendimos nuestro corazón completamente al señorío del Dios de Jacob, entonces el "quien" que habita en nosotros determinará lo que hacemos.

David necesitaba ayuda, y mucha. La obtuvo. Fue el primer rey en unir a Israel. El primer rey que recibió la promesa de un Mesías real entre sus descendientes.

David sabía que los pastores tienen la responsabilidad de cuidar y alimentar a sus ovejas, pero aprendió que él necesitaba que el Señor lo cuidara y alimentara para poder tener éxito. Y lo obtuvo.

David fue un rey pastor, pero quería que el Rey Pastor dirigiera sus pasos. David sabía que debía rendir el control de todo a Dios. Eligió entregar el control de su vida al Gran Pastor. Supo que la única esperanza en sus momentos de terror sería responder a los derechos y la autoridad del Señor, que debía buscar su guía. Tuvo que llegar al lugar de pleno contento con el control del Señor sobre su vida.

Quizá no tenga usted los problemas que tenía David. Pero problemas, son problemas al fin. Los problemas son relativos a la situación, circunstancias y eventos personales. Si tiene usted un millón de dólares y lo pierde, estará en bancarrota. Si tiene mil dólares y los pierde, estará en bancarrota. Lo mismo, si tiene cien dólares y los pierde. En todos estos casos, estará en problemas.

No importa cuál sea la circunstancia, necesitamos rendirnos completamente al Señor.

Jesús dijo: *"Yo soy el buen pastor; el buen pastor da su vida por las ovejas"* (Juan 10:11).

Isaías el profeta declaró: *"Todos nosotros nos descarriamos como ovejas, cada cual se apartó por su camino; mas Jehová cargó en él el pecado de todos nosotros"* (Isaías 53:6).

Si no estamos bajo el señorío de Jesús, estamos bajo el control del dios de este mundo.

Pasé once días en el desierto de Sinaí. Subí al Monte Sinaí, bajo la luz de las estrellas, guiado por un joven pastor. En el desierto hay muchas moscas, y muy grandes, que atacan a las ovejas, se les meten en sus narices. Las ovejas golpean sus cabezas contra las rocas, los árboles o postes, para ahuyentar las moscas.

– ¿Por qué hay tanta erosión? –pregunté al pastor mientras subíamos al Sinaí.

– Es porque siempre han pasado ovejas por aquí. Forman senderos y huellas, también arrancan de raíz la vegetación, por lo que luego no tienen de qué alimentarse. Esto sucedió porque los pastores eran holgazanes y las ovejas no tenían quién las dirigiera. Los pastores deben hacer que las ovejas sigan avanzando, para impedir que esto suceda.

Luego me reveló cuál era su solución:

– Yo empapo a mis ovejas en aceite de oliva, sulfuro y especias, así que no tengo problemas con las moscas. A Satanás también se lo llama Belcebú o Señor de las Moscas.

Cuando nos rendimos al Señor, desaparece toda rivalidad, todo egoísmo, toda obstinación. Podemos decir: *"El Señor es mi pastor. Nada me faltará"* (Salmo 23:1).

Cuando el Señor responde a nuestro llamado, Él está con nosotros. Estamos en paz en Él. Pero no puede responder a nuestro llamado si estamos en el trono de nuestras vidas.

Que el Dios de Jacob lo guarde de todo mal.

¡El Dios de Jacob era un Dios de gracia! Jacob merecía ser juzgado, pero Dios le mostró su misericordia.

Jacob era un hombre con fallas y defectos conocidos para todos los que habitaban su pueblo.

David obtuvo fuerza del conocimiento de las fallas de Jacobo. Pensó: *Quizá, si Dios utilizó a Jacob, también me utilizará a mí.*

Dios se reveló ante Jacob de manera personal. David desesperadamente necesitaba que lo tocara un Dios personal.

¡David necesitaba un refugio! Dios defendió a Jacob contra todo, aún contra su familia.

David necesitaba que *ese Dios* fuera *su refugio.*

"Dios es nuestro amparo y fortaleza, nuestro pronto auxilio en las tribulaciones (…) Nuestro refugio es el Dios de Jacob" (Salmo 46:1-7)

Llamarlo el Dios de Jacob significa que se acerca el Dios de la alianza. Dios hizo una alianza con Jacob, lo hizo heredero de la fe de Abraham y de la promesa de Isaac.

En la cultura de Medio Oriente el huésped tiene el lugar de honor. Hoy también el anfitrión tiene la responsabilidad de proteger al huésped.

Usted es huésped del Señor. Está usted en su tienda (tabernáculo), y su alianza lo hace guardarlo a usted de todo mal.

El significado hebreo de *Nuevo Testamento* es "Nueva Alianza".

Los discípulos eran llamados *"Hassids"* en hebreo, o **guardias de la alianza.** Pablo escribió cartas a los guardianes de la alianza que estaban en:

- Galacia
- Éfeso
- Corinto

Una alianza es un contrato donde dos partes manifiestan un acuerdo. En Salmo 133:1 leemos: *"¡Mirad cuán bueno y cuán delicioso es habitar los hermanos juntos en armonía!"*

Unidad es una maravillosa palabra en hebreo: *echod.*

Está en la más antigua oración del judaísmo: *"Oye, oh Israel, el Señor nuestro Dios, el Señor es echod (Uno)".*

El verbo se halla en el libro de Joel:

"...y profetizarán (chazzah) vuestros hijos y vuestras hijas" (Joel 2:28).

Cuando tenemos una alianza con Dios y con nosotros mismos y su cuerpo, el poder de la profecía *(chazahel)* se libera.

La Biblia dice: *"Y el Dios de paz que resucitó de los muertos a nuestro Señor Jesucristo, el gran pastor de las ovejas, por la sangre del pacto eterno, os haga aptos en toda obra buena para que hagáis su voluntad, haciendo él en vosotros lo que es agradable delante de él por Jesucristo; al cual sea la gloria por los siglos de los siglos. Amén"* (Hebreos 13:20-21).

¡Estamos a salvo de todo mal por medio del poder de la sangre del Cordero!

Cuando Samuel fue a Belén a ofrecer sacrificio a Dios, llevó sangre y aceite y se tocó las cuatro extremidades como símbolo de purificación, como era costumbre del profeta o sacerdote al ofrecer sacrificio.

Jesús, el Cordero de Dios, fue clavado por las cuatro extremidades. *Cuando estamos en sus manos y lo sabemos, lo diremos valientemente en oración.*

El pastor es responsable de **proveer, guiar y proteger.**

Cuida de sus ovejas. El Dios de Jacob también era un Dios personal. Jacob necesitaba que Dios lo tocara, y así sucedió. El nombre de Jacob fue cambiado por el de Israel.

David no era sacerdote, pero Dios lo convirtió en sacerdote. *"Y nos hizo reyes y sacerdotes para Dios, su Padre"* (Apocalipsis 1:6). Cuando Él es Señor, nos guarda de todo mal. ¡Porque somos suyos! El sacerdote presenta una persona a Dios, o presenta a Dios ante una persona. El sacerdote es quien hace la conexión con Dios. *"Cuando aparezca el Príncipe de los pastores, vosotros recibiréis la corona incorruptible de gloria"* (1 Pedro 5:4).

Jesús dijo: *"Yo soy el buen pastor; el buen pastor su vida da por las ovejas"* (Juan 10:11).

Ahora, en la revelación de la crucifixión, el Rey Pastor proclama el poder de la cruz en el Salmo 23:

Jehová es mi pastor; nada me faltará. En lugares de delicados pastos me hará descansar; junto a aguas de reposo me pastoreará. Confortará mi alma; me guiará por sendas de justicia por amor de su nombre. Aunque ande en valle de sombra de muerte, no temeré mal alguno, porque tú estarás conmigo; tu vara y tu cayado me infundirán aliento. Aderezas mesa delante de mí en presencia de mis angustiadores; unges mi cabeza con aceite; mi copa está rebosando. Ciertamente el bien y la misericordia me seguirán todos los días de mi vida, y en la casa de Jehová moraré por largos días.

El arma física de David en el campo era una tira de cuero, dos trozos de tripa retorcida y un par de piedras, junto con el cayado y la vara. Utilizaba sus armas contra el enemigo. Con su gomera cuidaba a las ovejas contra los lobos o cualquier otro enemigo. David sabía cómo proteger a sus ovejas, y el Señor –el Buen Pastor– también sabe cómo hacerlo con las suyas.

El pastor David quería que el Señor fuera su Pastor. Quería que el Señor lo conociera por su nombre, como David conocía por nombre a sus ovejas. Quería que el Señor lo protegiera y cuidara, del mismo modo en que él lo hacía con sus ovejas. David nunca abandonaba a sus ovejas. No era un pastor de medio tiempo.

Conocí a un pastor en el desierto que dormía a la entrada de una cueva. Su cuerpo era la puerta. Otro pastor llevaba a su rebaño a un área circular, llena de rocas, y dormía en la entrada. Los lobos tendrían que pisar el cuerpo del pastor para atacar a las ovejas.

David había aprendido a confiar en el Pastor en Jefe de su alma. Creyó que el Buen Pastor lo sostendría, así como David sostenía a los corderitos pequeños en los campos de Belén. Cuando los lobos acechan, ¿qué hace usted? Corre en pánico, ¿o confía en el Buen Pastor?

"Mis ovejas oyen mi voz, y yo las conozco, y me siguen, y yo les doy vida eterna; y no perecerán jamás, ni nadie las arrebatará de mi mano" (Juan 10:27-28). David adoraba a Dios.

La voz de Dios era más real para él que la voz del enemigo, fuera león, oso o gigante.

"Así que la fe es por el oír, y el oír, por la palabra de Dios" (Romanos 10:17). Ore la oración de David y deje que su fe crezca. *La razón por la que David pudo matar a Goliat fue que su fe era más grande que el miedo de Israel.*

¿Qué o quién es su Goliat? ¿Qué es lo que le consume su energía, lo aterroriza por la noche, en su casa, en el trabajo, en la escuela, en su mente? David derrotó a su Goliat *"...en el nombre de Jehová de los ejércitos, el Dios de los escuadrones de Israel, a quien tú has provocado"* (1 Samuel 17:45).

David sabía cuando se enfrentó a Goliat en el Valle de Sangre, que la batalla era entre el bien y el mal. ¡Sabía que la batalla era la del Señor, y que para tener poder con Dios David debía perder su fe en la carne! Se comprometió ante el Rey de reyes para ser suyo, propiedad de la realeza.

Cuando sinceramente creemos que estamos ungidos y somos llamados, con toda naturalidad comunicamos lo que tenemos sin que importen las circunstancias.

David no solo sabía que la batalla era del Señor, sino que –además– sabía cómo alentarse en el Señor aún en los días más injustos. David siempre agradaba a Dios. Se negó a adorar a los dioses de piedra y madera... los dioses del sexo y el poder. David sabía que la carne no heredaría el reino de Dios, por ninguna causa en el mundo. Los que agradan al ser humano ven gigantes en la Tierra Prometida, y nunca ven la Tierra Prometida dentro de ellos.

Goliat era la semilla, la germinación de los gigantes que vieron los espías cuando fueron a ver la Tierra Prometida. Los hijos de Israel vieron el tamaño de los gigantes y dijeron: *"No podremos subir"* (Números 13:31). ¡Pero Caleb y Josué vieron el tamaño de su Dios y sabían que sí podían!

¿Es la batalla del Señor, o la pelea usted? Escuche lo que dicen sus labios. ¿Sus palabras lo traicionan? ¿Negocia con el enemigo o confía en

Dios? *"Hay camino que parece derecho al hombre, pero su fin es camino de muerte"* (Proverbios 16:25). El único modo de ganar la batalla es al modo de Dios.

¿Qué ha pasado con su visión? ¿Ha muerto? David nunca se dio por vencido en Dios. Sabía que Dios haría su parte. David no tenía miedo del gigante en su vida. Los que agradan a Dios no temen a *"la saeta que vuele de día"* (Salmo 91:5). David fue maltratado, herido y dolorosamente rechazado. El enemigo quería que David siguiera viviendo en el dolor de su pasado. Podría haber tenido la mentalidad del "por qué a mí" y, sin embargo, no se quedó allí sentado, en la derrota o el desaliento. Sabía que había nacido para ser guerrero en medio de una nación con mentalidad de esclavos... una nación derrotada por un gigante, Goliat. David se alentó a sí mismo en el Señor. No pasó su tiempo con gente negativa que intentara desalentarlo diciendo que no había esperanza alguna.

David sabía que por medio del poder y la autoridad de Dios derrotaría a Goliat y echaría al enemigo de su tierra, de su mente y de sus emociones. Derrotó a su Goliat, y no habría revancha. Proclamó con valentía: *"¿Qué he hecho yo ahora? ¿No es esto mero hablar?"* (1 Samuel 17:29). Sin embargo, el hecho de que David fuera ungido rey no significó que Saúl abdicara al trono. Mientras Saúl permaneciera en el trono, David debía creer que Dios haría lo que había dicho que haría.

David decidió en su corazón que sería hombre de oración, que pondría las palabras de Dios por encima de las propias. No podemos pelear una batalla espiritual con armas físicas. David estaba dispuesto a pagar el precio, hasta sacrificando su orgullo, su ego y sus deseos. Esto determinaría su éxito.

David entendió que lo que estaba dispuesto a hacer por los demás mediante su obediencia, Dios haría que sucediera en realidad. La importancia de David como hombre-rey se definiría por su espíritu de servicio a un Dios-Rey. Sabía que solo al morir a sus deseos vería la gloria del Dios viviente. Su conexión con el eterno reinado florecería a causa de su concentración en el Rey de reyes durante las tormentas de la vida.

No debe usted preocuparse tanto por lo que piense la gente, sino por lo que piensa Dios. El infierno no tiene un cuchillo lo suficientemente afilado como para cortar la armadura celestial que Dios quiere hacerle llevar.

La alabanza de David a Jehová se convirtió en un sacrificio en las horas oscuras y más íntimas de su vida. Ese sacrificio de alabanza ofrecido en secreto sería la vara que mediría lo que el Dios-Rey le daría a David en la vida pública.

Si verdaderamente cree usted que la Biblia es la Palabra de Dios y que está ungida por Dios, entonces entenderá cómo la oración de David del Salmo 20, con alta prioridad por el espíritu de Dios, hizo que esta revelación se abriera ante él. Estas no son las palabras de un hombre. *Son las palabras de un Dios Padre.*

Una palabra de Dios cambió la vida de David para siempre, y también cambiará la suya. Esa palabra de Dios está ante sus ojos, ahora mismo. ¡Crea en ella!

CAPÍTULO 3

Capítulo 3

LA AYUDA
ESTÁ POR LLEGAR

"Te envíe ayuda desde el santuario, y desde Sion te sostenga."

¿**P**or qué resiste Dios al orgulloso y da gracia al humilde? Porque el orgulloso no pide ayuda, ni siquiera de Dios.

El pastorcito de Belén es ahora el rey de Jerusalén. Hoy es un día de calendario y David trae el arca de Dios a Jerusalén. Jehová será el centro de Jerusalén. David proclamará Señor y Rey. *La ayuda viene en camino* (vea 2 Samuel 6:12-15; 17-9).

David sabía que cuando Dios peleaba por Israel, los israelitas ganaban todas las batallas.

El santuario del que cree –si elige permanecer allí– es la presencia de Dios. ¿Dónde está el santuario de Dios? Ahora Él reside en el creyente.

David obtuvo más revelación de Dios en los Salmos que casi nadie más en la Biblia, con la excepción de nuestro Señor. David fue el más:

- entusiasta
- excitado
- exuberante

- deleitado
- dinámico

adorador en toda la Biblia. No sucedió por accidente. David necesitaba que su oración fuera respondida en tiempos de adversidad, para entrar en la revelación y el gozo inefables, llenos de gloria. ¡David pasó del rechazo a la revelación! De la depresión al deleite. Hay que salir para poder subir.

Cuando ponemos todas nuestras preocupaciones en manos del Señor, vemos que no es lo que vivimos en el momento lo que determinará nuestro destino y disposición. ¡Es cuando abrimos los ojos y vemos hacia dónde vamos!

El libro más importante de inspiración y aliento que se haya escrito jamás, el libro de los Salmos, nació del corazón de un hombre que decidió que no viviría en la autocompasión, sino que pondría su fe en el Señor en sus momentos de terror, que confiaría en que Dios respondería a su oración.

David no podía quedarse allí, jugando el "juego de la culpa" durante toda su vida, esperando justicia y que otros pelearan sus batallas. Debía pararse allí, como un guerrero en medio de la adversidad y darse coraje en el Señor. David no podía confiar en otros para su victoria. Tampoco podemos hacerlo nosotros. Mientras seamos letárgicos, indiferentes, auto-conmiserativos, mientras culpemos a los demás, jamás llegaremos a la plenitud de nuestro destino. La mentalidad del guerrero no nos exime de las circunstancias difíciles ni de los obstáculos. Lo que sí hace es llevarnos a nuevas alturas. Nos hace ver que el pasado está muerto, como le dijo Dios a Josué: "Mi siervo Moisés ha muerto; ahora, pues, levántate y pasa este Jordán, tú y todo este pueblo, a la tierra que yo les doy a los hijos de Israel. Os he entregado, como lo había dicho a Moisés, todo lugar que pisare la planta de vuestro pie" (Josué 1:2-3).

¿Qué le ha prometido Dios a usted? ¿Tiene usted la visión de la victoria para su vida? Si habla las promesas de Dios, si medita en Palabra y decide que no dejará que nada… nada lo aparte de ser todo lo que Dios quiere que sea, entonces llegará a tener el espíritu de un guerrero. Se enfrentará a las fuerzas de las tinieblas, las mirará a los ojos y se alentará en el Señor. David, en medio de la adversidad, oyó al Señor decirle que buscaría, que vencería y recuperaría todo (vea 1 Samuel 30:8). ¡Lo mismo vale para usted! La Biblia dice: "Con lisonjas seducirá a los violadores del pacto; mas el pueblo que conoce a su Dios se esforzará y actuará" (Daniel 11:32). Dios no eligió al rey David para que viviera en esta última hora, sino que lo ha elegido a usted. ¡Niéguese a la derrota! Cuide sus palabras. Aliéntese en el Señor.

Recuerde que tiene garantía de victoria de parte del creador del universo, a causa de lo que hizo nuestro Señor en el Calvario. Debe usted levantarse y pelear la pelea de la fe. *"Porque en él vivimos, y nos movemos, y somos"* (Hechos 17:28). Residimos en Él. Dios *"es nuestro amparo y fortaleza, nuestro pronto auxilio en las tribulaciones"* (Salmo 46:1).

No te preocupes, Maureen, ¡la ayuda viene en camino!

Al decir esto, pensé:

– ¿Qué acabo de decir?

Se trataba de Maureen Reagan Revell. Ella y su esposo Dennis acababan de volver de una reunión de misión con presidentes de África para su padre, el presidente Ronald Reagan. Yo había soñado con ir a África y hacer grandes cruzadas.

El Señor me había dicho que fuera a México al Hotel Princess de Acapulco, y que orara allí durante dos días. El segundo día me hallaba orando, cuando pasó una pareja caminando junto a mí.

El Señor le habló a mi espíritu: "Pregúntale si puedes ayudarle a resolver la gran necesidad del presidente en África".

"Señor, ni siquiera me conoce, y yo no sé quién es ella", le dije al Señor. No descubrí quién era la mujer hasta que le dije lo que Dos me había indicado. Entonces ella se presentó, y a su marido. Era Maureen Reagan, hija de nuestro presidente.

Bueno, ha aprendido que nunca ganaré una discusión con el Señor, por lo que obedecí y le pregunté si podía ayudarla. La respuesta era algo que debía haber esperado, a causa de cómo es el Dios a quien servimos.

– Sí que puede. Hay un nuevo presidente en Uganda. Quiere hablar con los medios de comunicación en los EE.UU. No puedo arreglar una gran reunión. ¿Puede hacerlo usted? -preguntó Maureen.

– Claro. ¡Dígale que la ayuda está en camino! Llamaré al Dr. Ben Armstrong, el director ejecutivo de National Religious Broadcaster, y le preguntaré si dejará hablar al Presidente Museveni.

El Dr. Armstrong dijo que sí. Más tarde fue de gran gozo para mí recibir al gabinete del presidente Museveni en mi suite del Washington Hilton Hotel.

Museveni rededicó su vida a Cristo en esa reunión y me invitó a Uganda. Su secretario de Estado fue mi coordinador de la cruzada en África. ¡Dios es asombroso!

Cuando confiamos en Él, en lugar de confiar en nuestro razonamiento humano, pueden suceder grandes cosas.

La carne se niega a confiar en Dios. Busca confiar en las cosas, en la gente, en el propio ser. David podía decir: "He estado allí. no, gracias". Sentado en el aeropuerto Dallasr-Fort Worth, mientras escribo este capítulo en espera de que salga mi vuelo, observo a una mujer guardia. El Señor me indica que le hable.

"Deja de hacer lo que estás haciendo y dile: 'la ayuda está en camino'". Dile que "es bendecida, y altamente favorecida" y que Dios no está enojado con ella.

Las lágrimas bañaron su rostro cuando le dije lo que el Señor había puesto en mi espíritu.

– Mike, mi madre acaba de morir. Era una mujer creyente, como lo era mi abuela. Yo me rebelé contra ellas. Tengo tres hijos, y no tengo marido, no tengo comida ni regalos para la Navidad. Pero le dije al Señor que lo pondría a Él primero, y dos días más tarde conseguí este empleo. Estoy muy agradecida.

– Bueno –dije– también yo lo estoy.

Le di dinero para comprar comida y regalos para sus hijos. Entonces lloró de gozo y dijo:

– Creí que Dios estaba enojado conmigo. Eso no es cierto, ¿verdad? Claro que no. Iré a la iglesia el domingo.

– ¿Dónde iré? –me preguntó.

Luego de que le diera algunas instrucciones, seguí con mis cosas. La mujer se acercó a mi avión y dijo:

– Que Dios bendiga a este hombre de Dios.

¿Necesitamos ayuda? ¿Necesitamos que nos fortalezcan? ¡Sí! ¡Sí! ¡Sí! La palabra de donde proviene Jerusalén, significa "herencia, legado". Nuestro Dios quiere ayudarnos y fortalecernos, a partir de abundante herencia, que llega a nosotros por medio de su sangre derramada.

Los ángeles llegaron directamente del santuario celestial para fortalecer a nuestro Señor.

He descubierto que Dios con toda intención permite que nos agotemos cuando funcionamos utilizando nuestras propias fuerzas.

Debemos despertar y ver que solo Él puede darnos la fuerza que necesitamos.

Una mañana mientras oraba oí en mi espíritu lo siguiente: "Ve a Jerusalén. Lo que hagas afectará el destino de la nación". Me puse en contacto con doce compañeros y les dije lo que Dios me había dicho. Así que les pedí que nos encontráramos allí.

La noche antes de que llegaran, me sentí muy preocupado. "Señor, no sé para qué estamos aquí. No puedo decirle a esta gente que vinimos en un tur, porque realmente creen en mí y creen que nos has enviado aquí para un propósito divino. ¿Qué he de hacer aquí?"

– Ve a dormir –sentí que decía el Señor.

Mientras dormía, tuve un sueño. Vi al hombre que estaba junto a mí en la plataforma, que decía:

– Gracias por venir. La razón por la que estamos aquí es...

Ya no pude decir nada más. Lo intenté nuevamente:

– La razón por la que estamos aquí es...

Y sucedió lo mismo. Realmente, me molestaba esto. Finalmente en el sueño, mientras me dirigía a la puerta para salir, vi un ángel del tamaño de la puerta. Gritó:

– La llave a la misión es Zorobabel 4:6.

Desperté y busqué en mi Biblia el capítulo 4 de Zacarías.

Nuestro grupo de doce terminó en la casa del Primer Ministro Begin, oramos por él. Les pedí a todos que nos diéramos la mano. Luego oramos por un general de nombre Sharon, que es hoy el primer ministro de Israel. Oramos por varios generales esa semana. Charles Duke, uno de los astronautas de la misión Apolo, comenzó a llorar y a pedirle perdón a un general israelí.

Charles le contó que en un viaje a la una había encontrado a Jesucristo y que:

– Él me perdonó todos mis pecados. Yo era antisemita y debo confesarle a usted hoy esto, y pedirle perdón.

La noticia llegó cuarenta y ocho horas después de que llegara yo a casa otra vez. Sonó el teléfono. Era el consejero principal del primer ministro:

– Mike, tengo grandes noticias. Se desató la guerra en el Líbano y derribamos noventa MIGS y dos mil quinientos misiles SAM, sin perder un solo avión. *Es un milagro. Agradece a los hombres que vinieron y oraron por nuestros líderes. Dios ha respondido esa oración.*

Me apresuré a decirles a mis compañeros que buscaran el capítulo cuatro, versículo seis de Zorobabel. Este versículo era la llave de la misión. Bien, ya lo habrá deducido usted, no hay libro de Zorobabel. Luego dije:

– Señores, no sé qué hacer. Solo sé que el Señor me dijo que viniera. En eso el ángel gritó Zacarías. Yo fui el único que vio el ángel y oyó las palabras. Inmediatamente busqué Zacarías 4 y comencé a leer.

Luego el ángel me despertó de mi sueño.

Me preguntó, como si yo hubiera estado durmiendo:
– ¿Sabes lo que estás viendo?
– No –dije.

Entonces respondió y me habló diciendo:

– *"Esta es palabra de Jehová a Zorobabel, que dice: No con ejército, ni con fuerza, sino con mi Espíritu, ha dicho Jehová de los ejércitos"* (Zacarías 4:6). ¡La ayuda viene en camino! No importa cuál sea su problema ni en qué área: emocional, física, financiera, social, legal...

¡La ayuda viene en camino! Si pone su confianza en el poder de Dios, Dios realmente entiende dónde estamos, en cada situación, circunstancia o prueba. Ve nuestros "agujeros negros" de pobreza, pena, abuso, negligencia, infelicidad y enfermedad.

A los diecinueve años, vivía yo en el centro de Filadelfia. Era mi último año en el Ejército, y la paga no era grande... unos trescientos dólares al mes. Llegué a la ciudad luego de visitar a mi gente, y dejé mi automóvil en un estacionamiento. Le di al empleado una propina de cinco dólares para que vigilara mi auto... especialmente mis cosas... y muy especialmente mis cosas.

Pero él me robó todo lo que tenía en el mundo...el auto...la ropa...todo.

No tenía dinero para comer, así que ayuné durante una semana y me alojé en la YMCA (Asociación Cristiana de Jóvenes). Cuando se me terminó el dinero fui al Ejército de Salvación. Fue duro, especialmente porque la mañana siguiente era Navidad. Caminé hasta la iglesia, en la nieve. Solo me quedaban $ 3.25, así que fui a un bar y pedí panceta y jamón. Mientras leía mi Biblia, las Escrituras saltaron ante mis ojos: *"Cosas que ojo no vio, ni oído oyó, ni han subido en corazón de hombre, son las que Dios ha preparado para los que le aman. Pero Dios nos las reveló a nosotros por el Espíritu"* (1 Corintios 2:9-10).

Necesitaba esa Palabra. No, mis circunstancias no cambiaron ese día. Pero en una semana sucedieron ocho milagros.

¡*Sí*! *La ayuda venía en camino*. Necesitaba quitar de en medio *mi carne*, para que Dios pudiera aparecer a *lo grande*.

David necesitaba ayuda todo el tiempo, y Dios enviaba ayuda todo el tiempo. Dios quiere hacer también lo mismo por usted.

Un día David volvió a Siclar, donde vivía, y encontró que había perdido todo. Sus hijos y esposas, todo había desaparecido arrebatado por los amalecitas. Sus hombres estaban tan enojados que quisieron apedrear a David. Pero David sabía que la ayuda estaba en camino, y *se fortaleció en el Señor su Dios"* (1 Samuel 30:6).

LA AYUDA ESTÁ POR LLEGAR 47

David oró, adoró a Dios y llamó al sacerdote Abiatar para buscar consejo. Marchó primero con seiscientos hombres hasta el arroyo Besor. Allí doscientos hombres se detuvieron porque estaban exhaustos. Los cuatrocientos restantes se unieron a David para buscar a los amalecitas que habían hecho esto. David contó que había encontrado a un egipcio medio muerto a un lado del camino, y que tuvo compasión de él, y le dio agua y comida. El egipcio había sido dejado allí por los amalecitas, para que muriera, pero David salvó su vida. El egipcio sabía dónde estaba el enemigo, y a causa de la amabilidad de David le dio esta invalorable información. Los hombres de David recuperaron todo lo que los amalecitas se habían llevado, y más.

La oración de David es "el salmo del guerrero", para orar antes de la batalla, ¡una oración para la victoria!

¿Qué batallas necesita ganar usted? ¡Dios está listo!

David se hizo más grande (hebreo = gran paso), y más grande (hebreo = abrazo más grande) para el Señor Dios de las huestes que estaban con él" (2 Samuel 5:10).

Cuando David oraba esta oración con todo su corazón, quedaba:

- Definido por Dios
- Abrazado por Dios
- Saturado por Dios.

Estaba yo lavando las ollas con arena, era mi turno de lavar los platos. En el desierto se usa arena en lugar de agua. El agua es demasiado preciosa como para desperdiciarla.

Todos los demás estaban ya dormidos. Jamie Buckingham había dicho el devocional en la cena, acerca de la "iglesia en el Sinaí del Antiguo Testamento". Yo tenía un terrible dolor de cabeza. Ese día habíamos planeado subir al Monte Sinaí, donde Aarón había sostenido las manos de Moisés por la victoria en la batalla (vea Éxodo 17:12).

Decidí que no quería pasar horas "rodeando la montaña", así que me quité la camisa y la mochila, y corrí hacia la cima. Para cuando llegó el resto del equipo, tenía yo un terrible malestar, un golpe de calor. Bill, que era un astronauta nacido en Florida, estaba dando un devocional sobre la unidad en Cristo. Yo quería bajar de la montaña ya. Intenté fingir que me sentía bien, hasta que ya no pude más.

– Bill. Estoy deshidratado, enfermo, estoy insolado.

Me dio agua, una camisa y un sombrero, y me ayudó a bajar de la montaña. Me sentí muy avergonzado. Al recordar el día, seguía pensando que había sido una idea muy estúpida la de venir en este viaje.

– ¿Cómo puedo salir de este desierto de víboras y escorpiones? ¡Viento y calor! Era horrible. Mientras me quejaba al Señor, tomé mi Biblia y la abrí donde hablaba de los hijos de Israel y sus quejas (vea Éxodo capítulo 16). El Señor me preguntó qué estaba mal. Admití que era orgulloso, obstinado y rebelde. Además, ¡no me gustaba someterme a la autoridad! Con esa confesión y admisión de mi culpa, el Señor instantáneamente me perdonó, ¡y mi fiebre y dolor de cabeza desaparecieron!

Al día siguiente encontramos una tienda beduina. Una mujer árabe asustada oyó que en nuestro equipo había un doctor. Angus Sergeant era residente. La mujer trajo a su bebé, que tenía una infección que le afectaba la cabeza entera. La cabeza del bebé estaba llena de moscas y supuración verde, con una costra gruesa. Habían intentado quemar la infección con cuchillos calientes, y la carita del bebé estaba quemada. Pensé que Angus era nuestra esperanza.

– No puedo ayudar. La infección debe quitarse. Hay que operar – dijo Angus.

De repente sentí la compasión de nuestro Señor por esta niñita de seis años. Así que puse mi mano grandota sobre el absceso y oré en hebreo.

Sabía que la madre entendería algo, porque el hebreo y el árabe son similares. Gib Jones, fotógrafo profesional, tomó una fotografía. No había signo de cambios para cuando nos fuimos. A la mañana siguiente, el Dr. Sergeant dijo:

– Debo operar a la niña. Haré todo lo posible, o morirá.

Angus fue el primero en entrar a la tienda. Yo esperé afuera. Pasaron unos tres o cuatro minutos, y entonces oí que gritaba. Abrí la puerta de lona. Tenía en la mano una sucia taza de té. Era la mejor ofrenda de la pobre beduina. Lloraba, mientras decía:

– Señor, este es el milagro físico más grande que haya visto yo jamás.

La niña estaba sana.

– No hay nada de cicatrices ni heridas en su cabeza. Si puedes curar a esta niña, puedes protegerme de lo que haya en esta taza.

Y bebió lo que le habían dado, regocijándose. Lloré con él, bendije al Señor. ¡La ayuda estaba en camino! Era yo lo único que impedía que llegara la ayuda. Cuando yo me corría del camino, Cristo podía actuar a través de mí, y en una explosión de gloria sanó a la niñita.

Hubo tiempos durante la experiencia de David en el desierto, en que su vida, como la mía, habrá parecido una montaña rusa emocional. Sin Jehová como su luz, y en medio de la oscuridad creciente, David nunca habría llegado a cumplir su misión divina.

Una noche, en nuestra subida al Monte Sinaí, todos comenzaron a tropezar a medida que oscurecía.

– Apaguen sus luces –dijo Jamie–. Dejen que la luz de las estrellas sea su guía. Sus ojos se adaptarán enseguida.

Lo hicimos. Durante unos segundos sentí pánico. Como David, me sentía incómodo. Quería confiar en mí mismo, pero mis ojos debían adaptarse a la oscuridad. En unos segundos, millones de estrellas brillaron como luciérnagas, iluminaban nuestro camino. Es típico de los humanos intentar crear nuestra propia luz... concentrarnos en nosotros mismos, y no en *"El Señor (...) mi luz y mi salvación..."* (Salmo 27:1).

CAPÍTULO 4

DÍOS ΠUΠCA OLVÍDA

"Haga memoria de todas tus ofrendas, y acepte tu holocausto."

David comenzó su ministerio celebrando una ofrenda que Samuel había presentado ante Dios en Belén. No sabía entonces que la ofrenda más grande sería entregada al mundo en Belén... el Cordero de Dios... puro e inmaculado.

¿Quiere Dios realmente que ore en fe, que anticipe su respuesta a mis ofrendas ante Él? ¡Sí, mil veces sí!

Dar, para David, era un acto de adoración porque Dios lo valía, Él era digno. ¿Por qué querría Dios que supiera usted que dar el diezmo y una ofrenda al Señor es un santo acto de adoración porque Él lo vale, y que bendice al que da? Porque cuando damos, tomamos la naturaleza de Dios. Dios es un dador extravagante. No solo nos da el mayor regalo que el cielo pueda dar –nuestro Señor– sino que, además, bendijo a todos los que en la Biblia confiaron en Él. Dar es un acto de amor, obediencia y fe en Dios, virtudes que el príncipe de este mundo no tiene.

Antes de la guerra los reyes presentaban sacrificios –ofrendas– y según la aceptación de estas, sería el resultado de la batalla.

David quería asegurarse de que Dios recordara su ofrenda. *Necesitaba victoria en la batalla.* David se sentía indigno, pero sabía que sus sentimientos no determinarían su victoria, sería la respuesta de su poderoso Dios la que determinara esto.

Dios nos desafía a que pongamos a Dios a prueba. ¡Qué desafío! Como si Dios necesitara probarnos algo. Sin embargo, lo hace. ¡Sorprendente!

"Traed todos los diezmos al alfolí y haya alimento en mi casa; y probadme ahora en esto, dice Jehová de los ejércitos, si no os abriré las ventanas de los cielos, y derramaré sobre vosotros bendición hasta que sobreabunde" (Malaquías 3:10).

– ¡Santa vaca! –grité–. Es un milagro.

Los camiones de ganado llenaban el lugar, y de allí salieron treinta cabezas. David Wilderson recientemente había dedicado nuestro centro de capacitación. Habíamos llevado a tantos jóvenes hacia Cristo y lejos del mundo de la droga, que sentíamos que necesitaban un lugar donde se disciplinaran. Ahora tendríamos toda la carne que quisiéramos comer: treinta cabezas de Black Angus. La oración de dedicación de David había incluido una palabra del Señor que le bendecirá, y es lo que en oración pido para usted.

El domingo antes de la dedicación, luego de orar según la revelación de la oración de David en la Biblia, me habían dado una ofrenda de quinientos dólares para mi iglesia. En el cheque yo había escrito "Santa Vaca", y ¡aquí estaban!

Con excitación llamé a Ben Martin, el vicepresidente de mi junta.

– Ben –grité–. ¡Santa Vaca! Es un milagro. Dios nos ha dado veintinueve toros y una vaca.

– ¿Qué? –preguntó Bill.

– Que Dios nos ha dado veintinueve toros y una vaca... o ¿son veintinueve vacas y un toro?

– Mike –dijo Ben–. Veintinueve toros y una vaca no serían gran milagro. ¿Estás seguro de que no son veintinueve vacas y un toro? Eso sí sería un milagro. Ve a fijarte otra vez.

Como soy de la ciudad, no estaba muy seguro. No tenía idea de si Dios había enviado una vaca, o veintinueve. Pero sí sabía que Dios había respondido milagrosamente a mi oración.

Bien, miré, y claro, Ben tenía razón. Dios nos había dado veintinueve vacas y un toro... los medios para que el ministerio comenzara su propia manada de Black Angus. Lo que más me entusiasmaba es que las

Escrituras dicen: *"Dad, y se os dará; medida buena, apretada, remecida y rebosando darán en vuestro regazo; porque con la misma medida con que medís, os volverán a medir"* (Lucas 6:38).

David oró por que Jehová recordara nuestras ofrendas:

- Las ofrendas que se quemaban eran santas
- Costaban su precio
- Eran un verdadero sacrificio.

Cristo fue en verdad la mayor ofrenda que nos dio el Padre.

Una ofrenda que en verdad nos cuesta, no una ofrenda de conveniencia, sino algo que verdaderamente desafía nuestra fe, es una ofrenda quemada. No es como una ofrenda que sabemos que no nos causará inconveniente. Es una ofrenda de fe porque debemos recurrir a la fe para darla. A veces esta ofrenda requiere que pongamos nuestra carne en el altar.

En 1972 estaba yo en Texarkana, en la frontera entre Texas y Arkansas. Una señora mayor estaba subiendo su pesada maleta por las escaleras del Holiday Inn.

– Permítame ayudarla –dije, acercándome a ella.

– Gracias –dijo con una sonrisa.

Al mirar su rostro, me impactó reconocer a Corrie ten Boom.

– Me honra conocerla. Leí su libro The Hiding Place (El refugio secreto) –le dije.

– Sería un honor si compartiera un tazón de sopa conmigo –respondió dulcemente.

– Claro – dije.

Corrie ten Boom me habló de su enorme amor por el pueblo elegido de Dios, y las oraciones que su familia había orado por ellos en su relojería.

Compartió su tiempo personal de terror en la prisión y cómo a través de un error administrativo la habían liberado. Habría muerto en prisión, si no hubiera habido un "error".

– ¿Cuál es su personaje bíblico favorito? –pregunté.

Sin dudar un segundo, dijo:

– David. Y uno de mis salmos favoritos es el 91. Lo oraba en prisión, en Ravensbruk.

Allí, Corrie me dijo:

– El secreto lugar del Salmo 91 significaba vivir ante un auditorio de Uno. La afirmación de Cristo solo viene cuando oramos. De otro modo,

¡desperdiciamos nuestra vida buscando al ser humano! La entrada a la presencia de Dios es por medio de la oración: *"Y me buscaréis y me hallaréis, porque me buscaréis de todo vuestro corazón"* (Jeremías 29:13).

Corrie comenzó su ministerio cuando tenía 52 años, una edad en que la mayoría de nosotros piensa en retirarse. Corrie no tenía nada y, sin embargo, lo tenía todo. Tocó a millones de personas con el mensaje del amor de Dios. Vivió hasta los 91 años.

Mientras escribo esto acabo de darme cuenta. Pensé que moriría a los 20 años. En vez de eso, el Señor me dio un nombre nuevo, Michael David, y una palabra poderosa donde pararme: el Salmo 20.

¡El convirtió mis cicatrices en estrella! De veras encontré victoria en mis momentos de terror, como lo había hecho Corrie. Y también puede hacerlo usted.

Años más tarde fui a Holanda a visitar la "relojería" donde Corrie había salvado tantas vidas judías, en el "refugio secreto". El propietario había cerrado con llave la puerta a la planta alta, y dijo que allí solo guardaba cosas.

– Señor, quiero comprar esta casa y restaurarla para que sea testimonio de tu amor. Ayúdame –dije en oración a Dios.

Al día siguiente le pregunté al hombre si vendería la tienda.

– No –respondió.

En ese momento todos los relojes comenzaron a dar la hora. Era el mediodía. El hombre me miró y preguntó:

– ¿Sabe qué día es hoy?

Respondí que no lo sabía.

– Bueno, es el cumpleaños de Corrie. Sí, le venderé la tienda.

Durante los últimos 17 años hemos tenido la casa Ten Boom abierta, gratis, para miles de personas que han venido a visitarla… muchos de ellos, llorando… al recordar a la familia Ten Boom. La mayor parte de la familia dio sus vidas para salvar a los judíos, los ayudó a escapar de Hitler, para regresar a Palestina.

En hebreo recordar es "llamar de nuevo". ¡Y nuestras ofrendas son regalos! *Si pensamos en nuestra ofrenda como regalo para Dios, se vuelve algo muy especial. Todo el mundo ama los regalos.*

Piense en ello: Dios mirará con favor los regalos que usted le dé.

Les dimos unos regalos a nuestros amigos ayer. Dave dijo:

– Mike, siento vergüenza. No sabía que hoy intercambiaríamos regalos.

– ¡Claro que no, Dave! Jamás le darás un regalo a Dios sin que Él te dé algo mejor de regreso. A Él le gusta mucho dar regalos.

Muchos rabinos me han dicho que cuando Dios ve nuestra ofrenda con favor, esto significa también que la ofrenda será "gruesa o fructífera", y que nuestra ofrenda producirá abundante fruto en nuestra vida.

Cuando Dios dice que Él recordará, está diciendo más que eso: ¡está memorizando nuestra ofrenda o regalo!

La ofrenda era la base de la oración respondida en el Antiguo Testamento. La ofrenda de nuestro Señor se convirtió en la base de la oración respondida por el mundo: un Cordero inmaculado.

Se nos amonesta a presentar nuestros cuerpos como ofrenda a Dios.

Y así, queridos hermanos, les ruego que entreguen sus cuerpos a Dios. Que sean un sacrificio –santo– del tipo que Él quiera aceptar. Cuando pensamos en lo que Él ha hecho por nosotros ¿es mucho pedir? *"No os conforméis a este siglo, sino transformaos por medio de la renovación de vuestro entendimiento, para que comprobéis cuál sea la buena voluntad de Dios, agradable y perfecta"* (Romanos 12:2).

Cuando hacemos a Jesús el Señor de todo, es entonces que podemos estar seguros de que hemos estado con Jesús.

Podemos esperar un milagro cuando damos, porque ya no somos nuestros; hemos rendido todo al Señor.

La oración solamente no significa que hayamos estado con Jesús. Los musulmanes oran; los hindúes oran; los asesinos oran; los violadores oran, y –aunque nos dé asco pensar en ello– hasta los que usaron nuestros aviones para matar a miles de estadounidenses oraron– aún durante el vuelo. Pero orar la Palabra de Dios sí significa estar con Jesús. *No podemos orar la palabra durante mucho tiempo y vivir en pecado.*

Necesitamos sentir hambre y sed de Jesús, para que la puerta del infierno se cierre y se abran las ventanas del cielo. ¡Que el león de la tribu de Judá ruja en nosotros! ¡Que Dios nos dé una nueva revelación del Padre, en la luz de la eternidad!

No hay dador más grande que Dios. Él nos gana a todos. Quiere que celebremos nuestra ofrenda y la hagamos un acto de alabanza. Quiere que plantemos nuestra semilla y esperemos una cosecha de milagros. ¿Por qué? Porque cuando más nos bendice, tanto más podemos bendecir, mientras tengamos corazón puro.

La semilla contiene vida. Mientras este contenedor esté solo, no puede crecer. Algunas semillas quedan sin brotar durante décadas, aparentemente sin propósito, hasta que alguien rompe la cáscara para que la semilla pueda interactuar con la tierra y el agua para germinar. La semilla puede estar durante cien años, manteniendo su propia identidad, sin lograr nada.

Pero cuando una semilla se convierte en ofrenda quemada y muere, puede alimentar millones. Jesús es el mejor ejemplo de una semilla que muere y hace justamente eso.

Una mujer se acercó a Jesús con un costoso estuche de perfume, que valía lo mismo que el salario de un año entero. Derramó el perfume directamente sobre la cabeza de Cristo, para que cada gota del aceite cayera sobre Él. Los discípulos protestaron que había desperdiciado el dinero. Pero Cristo se conmovió. Dijo que ella lo había ungido para su muerte, y que dondequiera se predicara su evangelio, también se contaría la historia de la ofrenda de esta mujer (vea Juan 12:2-7). Dios sí recuerda nuestros regalos.

El estuche en sí mismo no fue la ofrenda fragante a Jesús. La mujer no pintó ni lustró el estuche. No intento que oliera como el perfume que había dentro. En cambio, rompió el estuche para que la pureza del nardo que había dentro, fuera liberada.

Para liberar la vida de Dios, Dios mismo, por medio de Jesucristo, tuvo que bajar a la Tierra para morir. Seguimos el patrón de Cristo. La cáscara de la persona –el hombre natural, no el cuerpo– tiene que morir para que el hombre interior pueda salir. Mientras intentamos preservar la cáscara externa, manteniendo intacta la carne, el hombre interior no puede salir. Mientras estamos enamorados de nuestra cáscara, jamás llegamos a ver el ministerio de Jesucristo viviendo en nosotros.

"Pero tenemos este tesoro en vasos de barro, para que la excelencia del poder sea de Dios, y no de nosotros" (2 Corintios 4:7). Tenemos que recordar que el poder es de Dios, y que está dentro del estuche y no afuera. Dios literalmente puso la persona de Jesús, por medio del Espíritu Santo, en nuestros vasos de barro. Es cuando se rompe nuestra parte externa, de carne, que puede el poder del aroma del tesoro ser recibido en el cielo.

Un día, rodeado de los propósitos de Dios, dará más fruto que una vida de buenas intenciones.

Cuando la religión ocupa el lugar de Jesús, la vida de Cristo se ve enjaulada dentro de los creyentes, y no puede expresar su pasión.

David tenía un corazón abierto, ¡y un corazón abierto abre el cielo!

El ministerio de Jesucristo de hoy, que opera a través de su vida y la mía, traerá una "visita de Dios" que transformará a un mundo perdido y agonizante. Esta movida poderosa será tan grande que la gente comenzará a ver el edificio de la iglesia como la maternidad de un hospital, a causa de la fenomenal cantidad de nuevos nacimientos. Con cristianos comunes como empleados, será una fábrica de bebés de Espíritu Santo.

Lo único que tenían los miembros de la iglesia primera, para sacudir al mundo, era que habían estado con Jesús.

Cantaban los Salmos 20 al 24, en el libro de Hechos, durante sus servicios.

- El Salmo 20 es una oración
- El Salmo 21 es alabanza
- El Salmo 22 es profecía
- El Salmo 23 es un regalo
- El Salmo 24 es proclama.

¿Por qué utilizaban los Salmos 20 al 24? ¡Porque *"la revelación determina la realidad!"* ¡*Lo que Dios revela es la realidad!* El rey David decía lo que decía Dios. Las palabras que decía son las palabras de Dios, de inspiración divina. Oraba lo que dice Dios. Usted lo hará también cuando ore las oraciones de estos salmos.

CAPÍTULO 5

APRENDER A SER REY

"Te dé conforme al deseo de tu corazón…"

El deseo de mi corazón era alejarme todo lo posible de mi padre. El Ejército de los Estados Unidos hizo un llamado, y allí fui. "¿Cuán lejos pueden enviarme?", pregunté al oficial de reclutamiento. "A Corea", me respondió. Y allí fui… a una montaña llamada Wong Tong Nee. Tenía yo 17 años, estaba solo y aterrado.

En mi primera mañana allí Dios me dio el Salmo 5:2-3: *"Está atento a la voz de mi clamor, Rey mío y Dios mío, porque a ti oraré. Oh Jehová, de mañana oirás mi voz; de mañana me presentaré delante de ti, y esperaré"*. En la cima de esa montaña en Corea, junté seis rocas grandes, y con ellas formé mi lugar de oración. Todas las mañanas, durante catorce meses, oré en ese lugar.

Casi veinte años más tarde me invitaron a predicar para el Dr. Cho. Se sorprendió cuando le conté sobre mi lugar de oración en Wong Tong Nee, y yo me asombré al enterarme a mi regreso a Corea del Sur, que ahora esa era la Montaña de Oración del Dr. Cho. Miles de personas oran allí diariamente. ¡Un millón y medio de personas al año! Era justamente donde yo había orado en 1964 y 1965. El Dr. Cho compró el lugar en 1966. Fui la primera persona que oró en la Montaña de la Oración. Pensé que estaba escapando pero, en cambio, estaba corriendo hacia los brazos de mi Salvador. Aprendí, como David, que a veces Dios acalla la tormenta; y que otras veces nos acalla a nosotros en medio de la tormenta (vea Salmo 107:29).

Fui a Corea en medio de una tormenta de miedos y frustraciones. Y allí aprendí que cuando dejamos que lo que Dios dice sea la última palabra, sentimos calma en medio de nuestra tormenta, aún cuando siga rugiendo a nuestro alrededor. Supe que Dios siempre nos da una promesa más grande que el problema... y que derrota a los demonios de las tinieblas. Cuando ponemos lo que Dios dice, por encima de nuestras circunstancias, ¡nuestra fe en su Palabra se convierte en "la fragancia del cielo", que mueve a Dios!

Una promesa de Dios vive en nuestro corazón y nuestros labios, proveerá para nosotros en medio de nuestro problema.

Del corral al matadero

Así como a mí me enviaron a Corea en medio de los conflictos internacionales, David fue enviado para proveer de alimento a sus hermanos en medio de una batalla con los filisteos (vea 1 Samuel 17).

Cuando David se acercó al campo de batalla, se encontró en medio de una batalla... no entre dos ejércitos sino entre dos hombres: Saúl y Goliat. Saúl se inclinaba; Goliat alardeaba. Saúl retrocedía; Goliat maldecía. Saúl oraba; Goliat se preparaba para pelear.

¡El terror era la orden del día! Goliat era descendiente de los Anakim, los mismos gigantes que habían infundido miedo en el corazón de los espías que Moisés había enviado a Canaán unos cuatrocientos años antes. La rebelión entre los rescatados había causado que los hijos de Israel siguieran en el desierto durante cuarenta años más, antes de que se les permitiera entrar en la Tierra Prometida.

La rebelión y el descontento los habían ubicado nuevamente en el valle de la decisión. Infelices y descontentos con el plan de Dios, Israel exigía ser gobernado por un rey –Saúl– en lugar de por el Rey de reyes.

Israel quería seguir a un rey orgulloso que se negara a inclinarse, que no se doblegara. Para su desazón, recibieron un rey como Saúl. Pero Dios quería la adoración de un rey quebrantado, que con gusto se humillara.

Aunque Saúl era mucho más alto que sus compatriotas, no podía enfrentarse al gigante real, que era el miedo. Al igual que sus ancestros, Saúl se sentía como un saltamontes en presencia de Goliat. Hoy muchas veces se eligen líderes que siguen los mismos criterios con que fue elegido Saúl... bueno para los negocios, de espaldas anchas que soporten la carga, con buen aspecto personal, avasallante. David fue elegido porque era un hombre que anhelaba conocer el corazón de Dios.

Parecía que Saúl era el indicado para la batalla. Toda la nación confiaba en el brazo de carne. Después de todo, Saúl tenía todo el aspecto de un rey. Tenía conocimiento. Tenía armadura. Era de la tribu de Benjamín ¡expertos con la gomera! Pero una roca en manos temblorosas de un rey miedoso, jamás llegaría a dar en el blanco. Se requería fe pura e inamovible en un Dios grandioso.

La carne religiosa a menudo se esconde en vestiduras ostentosas que ocultan un corazón profano y alejado de Dios. Jesús acusó a los escribas y los fariseos: *"¡Ay de vosotros, escribas y fariseos, hipócritas! porque sois semejantes a sepulcros blanqueados, que por fuera, a la verdad, se muestran hermosos, mas por dentro están llenos de huesos de muertos y de toda inmundicia"* (Mateo 23:27). Cuando el mundo no ve ni dice que *"han estado con Jesús"*, es evidente nuestra falta de fe y confianza. Las obras de la carne: el orgullo, la lujuria, la envidia, el odio, se manifiestan como opuestas al fruto del Espíritu. Saúl se vestía con una envoltura religiosa, con una armadura hecha por seres humanos. Pero dentro de su tienda, temblaba. Saúl le dijo no a Dios, anulando su unción y renunciando a su autoridad.

Luego llegó David, un joven pastor de las colinas de Belén. Un joven tan insignificante, que ni siquiera recordó Saúl haberlo tenido como músico tocando el arpa ante él unos meses antes. Y, milagro de milagros, ¡David no temía al egocéntrico e imponente Goliat! El futuro rey vestido como pastor dio un paso al frente. No tenía miedo porque había estado con Dios.

David sabía que la clave para la batalla era dejar que Dios todopoderoso peleara por él. Sabía que el éxito no dependía tanto de la armadura de Saúl, sino de la armadura de Dios.

La mayoría de los cristianos de hoy no llevan la armadura de Dios. En cambio, eligen llevar la armadura religiosa de Saúl. Por eso las batallas de la vida los consumen, porque pelean con sus propias fuerzas. Y a menudo creen haber ganado la batalla ¡para descubrir que han perdido la guerra! Se ven derrotados por sus propias palabras y acciones. Tristemente, las víctimas fatales son sus hijos, su matrimonio y sus ministerios.

Las armas de guerra de David no eran físicas, *"porque las armas de nuestra milicia no son carnales, sino poderosas en Dios para la destrucción de fortalezas"* (2 Corintios 10:4). Cuando peleó contra Goliat, el milagro no fue tanto que pudiera matar a un gigante con una piedra, aunque llevara armadura terrenal; fue que David sabía que Goliat sabía que la batalla era del Señor.

David había sentido la poderosa presencia de Dios mientras apacentaba las ovejas de su padre. Sabía que la clave del éxito era su relación con Jehová. David no temía enfrentarse con su enemigo, porque había estado en presencia del verdadero Rey de Israel.

Cuando Goliat le echó su desafío: *"¿Soy yo perro, para que vengas a mí con palos? Y maldijo a David por sus dioses. Dijo luego el filisteo a David: Ven a mí, y daré tu carne a las aves del cielo y a las bestias del campo"* (1 Samuel 17:43-44). Sus palabras simplemente rebotaron en el casco de salvación y el peto de rectitud que conformaban la armadura de David. David ya había ganado la batalla en su mente cuando respondió: *"Tú vienes a mí con espada y lanza y jabalina; mas yo vengo a ti en el nombre de Jehová de los ejércitos, el Dios de los escuadrones de Israel, a quien tú has provocado. Jehová te entregará hoy en mi mano, y yo te venceré, y te cortaré la cabeza, y daré hoy los cuerpos de los filisteos a las aves del cielo y a las bestias de la tierra; y toda la tierra sabrá que hay Dios en Israel"* (1 Samuel 17:45-46).

La más grande batalla de David se convirtió en su mayor bendición. Pudo lograr más en una hora con Dios, de lo que la nación entera podía lograr sin Él. David eligió creer en las palabras de Dios, por sobre las de sus hermanos, Saúl y el gigante. Cuando tomó la decisión de creerle a Dios, David hizo su conexión con Él. Es solo cuando le creemos a Dios y damos un paso adelante en fe, que liberamos el poder de Dios y damos lugar a un cambio de vida.

La determinación de David de "seguir su favor" le llevó del corral al matadero, y de la cueva al palacio. El favor de Dios en mi propia vida me llevó de un hogar donde se abusaba de mí a una montaña de oración, de la oscura depresión a las salas de presidentes y primeros ministros. Un amigo y pastor me decía: "Mike, tienes favor; síguelo. Algunas personas enseñan profecía; tú la vives".

De cueva en cueva

David el héroe, David el yerno del rey, ¡escapaba para salvar su vida! David había derrotado a Goliat, el gigante filisteo. Su segundo Goliat –Saúl– era mucho más difícil de derrotar. ¿Tiene usted un Saúl en su vida... alguien que lo molesta, lo atosiga y luego lo bombardea?

El futuro rey era ahora perseguido, y su cabeza tenía precio. Día y noche, durante años, Saúl persiguió a David esperando el momento en que fuera vulnerable. El deseo del corazón de Saúl era clavar su espada en el pecho de David.

¡Los celos convierten a los gigantes en estúpidos! Saúl tuvo una oportunidad de oro para demostrar grandeza cuando los israelitas cantaban *"Saúl hirió a sus miles, y David a sus diez miles"* (1 Samuel 18:7). Saúl podría haberse arrogado el éxito de haber enviado a David a la batalla. Podría haberse agrandado a los ojos del pueblo. En lugar de hacer eso, se volvió amargo.

Su éxito a veces hará que otras personas sientan celos. Cuando esto suceda, sepa lo siguiente: lo que Dios le ha dicho en secreto le impedirá abandonar en medio de las peores batallas de su vida. Aparte la vista de lo que hoy le sucede... ¡y mantenga los ojos puestos en el lugar hacia donde va!

Mojado por el sudor, solo, traicionado y cansado, David se refugió en la cueva de Adulam: *"Y se juntaron con él todos los afligidos, y todo el que estaba endeudado, y todos los que se hallaban en amargura de espíritu, y fue hecho jefe de ellos; y tuvo consigo como cuatrocientos hombres"* (1 Samuel 22:2).

David no contaba con propaganda a su favor. Estaba solo y pasaba frío en su cueva. Las cosas iban de mal en peor, pero David se negaba a ser víctima de la "mentalidad derrotista". Se hallaba rodeado de los desesperados –acosados por el estrés o la presión– por los endeudados –gente que no podía pagar sus cuentas– y por el descontento –los amargados de alma–. ¿Cayó en la autocompasión? ¡Jamás! Reunió a estas personas ¡y les enseñó cómo convertirse en hombres de valor!

¿Alguna vez se ha encontrado usted en un pozo de desesperanza? ¿De desesperación, deuda y descontento, esperando que nadie se le acercara? ¡Salga de las tinieblas y entre en la brillante luz de la Palabra de Dios!

La voluntad de Dios no era que David se diera por vencido ante la persecución. Su destino era el trono. Estaba en la cueva, sí, pero no iba a quedar allí por siempre. David esperaba en Dios, para que Él lo elevara al lugar de honor. Y así, David, el pastor-rey y vencedor de gigantes, ungido, se convirtió en maestro y comenzó a entrenar a sus tropas. *"Jehová es mi luz y mi salvación; ¿de quién temeré? Jehová es la fortaleza de mi vida; ¿de quién he de atemorizarme?"* (Salmo 27:1).

"Mas vosotros sois linaje escogido, real sacerdocio, nación santa, pueblo adquirido por Dios, para que anunciéis las virtudes de aquel que os llamó de las tinieblas a su luz admirable" (1 Pedro 2:9).

El contento no es el cumplimiento de lo que queremos, sino el ver cuánto tenemos. Una vez que vemos esto claramente por medio de Cristo y su Palabra, veremos un Dios mucho más grande que nuestros terrores.

Nombramiento divino… liberación divina

¡Qué escena! ¡Qué increíbles posibilidades de desenlace! Saúl y sus fuerzas especiales, de tres mil hombres, perseguían a David y a sus cuatrocientos hombres (vea 1 Samuel 22:1). Saúl tiene un solo objetivo: ¡matar a David!

David, el fugitivo, con su banda heterogénea de seguidores, escapó al desierto de Judea. Se refugiaron en En-Gadi, que literalmente significa "salto de cabra".

Después de once días de andar por el Sinaí, siguiendo los pasos de Moisés, me gocé en ver En-Gadi. En verdad, con todo gozo salté al En-Gadi. Fue mi primer baño en dos semanas ¡y qué sucio estaba!

Nuestra banda de once, que incluía al ex astronauta y actual congresista Bill Nelson y al gran autor cristiano que está ahora en el cielo Jamie Buckingham, miró con asombro las altas paredes de En Gadi. ¡Era el escondite perfecto para David!

David tenía una cita con Dios, ¡pero primero debía pasar por la prueba de la confrontación divina!

"Cuando Saúl volvió de perseguir a los filisteos, le dieron aviso, diciendo: He aquí David está en el desierto de En-Gadi. Y tomando Saúl tres mil hombres escogidos de todo Israel, fue en busca de David y de sus hombres, por las cumbres de los peñascos de las cabras monteses. Y cuando llegó a un redil de ovejas en el camino, donde había una cueva, entró Saúl en ella para cubrir sus pies; y David y sus hombres estaban sentados en los rincones de la cueva. Entonces los hombres de David le dijeron: He aquí el

APRENDER A SER REY

día de que te dijo Jehová: He aquí que entrego a tu enemigo en tu mano, y harás con él como te pareciere. Y se levantó David, y calladamente cortó la orilla del manto de Saúl" (1 Samuel 24:1-4).

Saúl se alegró mucho cuando le llegó la noticia de que habían visto a David. Finalmente su rival moriría como un perro en el desierto. Sin embargo, Dios tenía un plan diferente para Saúl, y para David. Buscando un lugar tranquilo donde descansar, Saúl entró en una de las muchas cuevas... sin saber que David y algunos de sus hombres estaban escondidos al fondo de la misma. Imagine la escena: Saúl, agachado en el interior de la cueva. Vulnerable. Repentinamente, todo el reino estaba al alcance de la mano de David. ¡Con solo clavar su espada una vez, David sería rey! Sus hombres susurraban:

– Hazlo. ¡Mátalo! Es malvado: tú eres el elegido, el ungido. Este es tu momento.

David había sido pastor de este rebaño durante años. El sendero al palacio había sido duro y rocoso. La muerte y el peligro habían sido sus compañeros permanentes. Su congregación estaba llena de quejosos y murmuradores. Quizá Dios quisiera que hoy el joven pastor reemplazara el rey. Quizá fuera David el indicado. Después de todo, era el siguiente en la lista de candidatos.

Quizá sepa algo usted sobre un compañero de trabajo, que de ser revelado, lo ubicara en posición de reemplazarlo y ascender en la escala de promociones. ¿Tomará usted el atajo, el camino ancho? ¿O seguirá en la estrecha senda de la dirección y guía divinas?

La visión de David estaba al alcance de su mano. Un solo golpe y saldría del pozo para entrar en el palacio. Sin embargo, sabía que esa visión debía permanecer en el altar del sacrificio. David sabía que *"Si Jehová no edificare la casa, en vano trabajan los que la edifican"* (Salmo 127:1).

Sabía que no había atajos para llegar al trono. Ni siquiera la carne religiosa con su razonamiento podría llevarlo a cumplir su visión. David puede haber estado hundido en el pozo, pero estaba decidido a seguir parado sobre la Roca, sin comprometer su destino.

El espíritu de David seguía fuerte: *"Jehová es mi luz y mi salvación; ¿de quién temeré? Jehová es la fortaleza de mi vida; ¿de quién he de atemorizarme?"* (Salmo 27:1).

"Pacientemente esperé a Jehová, y se inclinó a mí, y oyó mi clamor. Y me hizo sacar del pozo de la desesperación, del lodo cenagoso; puso mis pies sobre peña, y enderezó mis pasos" (Salmo 40:1-2).

La integridad del corazón de David... el carácter que hizo que Dios lo eligiera, prevaleció. David convenció a sus hombres de que no mataran a Saúl: *"Y dijo a sus hombres: Jehová me guarde de hacer tal cosa contra mi señor, el ungido de Jehová, que yo extienda mi mano contra él; porque es el ungido de Jehová"* (1 Samuel 24:6). En lugar de asesinarlo, David salió sigilosamente de la cueva y cortó una tira del borde de la túnica de Saúl.

Cuando tomamos venganza personal por mano propia, es a gran costo para nuestra alma. Dejemos que Dios sea Dios... Él nos reivindicará: *"Mía es la venganza, yo pagaré, dice el Señor"* (Romanos 12:19).

Se ha dicho que la verdadera prueba de carácter es lo que hacemos cuando creemos que nadie nos ve. David ha pasado la prueba. Sabía que lo que recibiera en cumplimiento de sus deseos en público, sería medido por su devoción al Rey en privado. David aceptó la promesa y Dios proveyó el poder en medio de su tribulación.

El Espíritu Santo de Dios movió a David a componer los Salmos 34 y 56 en Adulam, y los Salmos 31 y 54 en En-Gadi. Desde la profundidad de la desesperación, David escribió:

"Bendeciré a Jehová en todo tiempo; su alabanza estará de continuo en mi boca" (Salmo 34:1).

"En el día que temo, yo en ti confío" (Salmo 56:3).

"He aquí, Dios es el que me ayuda; el Señor está con los que sostienen mi vida" (Salmo 54:4).

David aceptó la Palabra de Dios; Saúl, la rechazó. David puso a Dios primero; Saúl se puso primero a sí mismo. David cayó en reverencia ante el ángel del Señor (vea 1 Crónicas 21:16). Saúl cayó sobre su espada y se suicidó (vea 1 Samuel 31:4). David alzaba sus manos presentando ofrenda (vea 2 Samuel 6:17). Saúl ocultó lo que Dios le dijo que debía destruir (vea 1 Samuel 15:9).

El enemigo de Saúl no era David. Su mayor enemigo era Saúl mismo y su orgullo. La batalla de Saúl no era contra los filisteos, sino contra el espíritu de Dios. No había posibilidad de que Saúl ganara en el espíritu lo que ya había perdido en la carne. Saúl perdió su herencia al poner su reino primero, en lugar del Rey. La decisión de Saúl le costó no solo su herencia, sino todo lo demás.

La pasión de David consistía en vivir en la presencia del Señor, proveyendo un lugar para Él en su corazón y en Jerusalén. Esta semilla fue plantada cuando era un joven pastor de ovejas; fue regada por la unción de Samuel, y maduró con la persecución de Saúl y la liberación de Dios. David tuvo una actitud de corazón que movió a Dios a la acción.

David estaba dispuesto a poner su fe en el Rey, y pagar el precio que fuera necesario.

CAPÍTULO 6

DIOS MOVERÁ
CIELO Y TIERRA POR USTED

"…Y cumpla todo tu consejo."

¡**D**avid el pastor-rey quería establecer un reino para el Rey de reyes! Tenía muchos planes y deseos en su corazón. También tenía enemigos que solamente querían verlo fracasar.

Uno de los enemigos más grandes de David era David. Dios tuvo que agotar a David muchas veces para poder cumplir con los deseos y planes del corazón de David. Siempre sería según los tiempos de Dios, y no los de David.

¿Cuáles son sus planes y deseos?

David iba hacia Jerusalén a paso lento. Habían pasado años desde su unción y parecía que nunca sucedería. Bueno, sí sucedió, pero cuando Dios quiso, y no cuando lo quiso David.

¿Le suena familiar?

Imagine a Dios pidiéndole que dé todo lo que tiene usted –incluyendo su nombre– a alguien que podría hacer más con ello de lo que podría hacer usted. Imagine dar:

- su talento
- su carrera
- su familia
- sus posesiones
- su reputación
- todo lo que ha sido
- y todo lo que potencialmente podría llegar a ser, a otra persona, con la esperanza de que lograra más de lo que podría lograr usted.

Eso es exactamente lo que hizo Jesús.

Jesús dio todo lo que tenía: su poder, su reputación, su nombre, su vida, su historia, sus palabras, su espíritu, todo lo que había sido y todo lo que llegaría a ser, y nos lo dio a nosotros.

Entonces Cristo partió físicamente para estar a la diestra del Padre, en el cielo. ¿Por qué? Porque Jesús sabía, sin atisbo de duda, que llegaría el día en que las personas llamadas por su nombre podrían cumplir sus profecías y responder todas sus oraciones.

"El que en mí cree, las obras que yo hago, él las hará también; y aun mayores hará, porque yo voy al Padre" (Juan 14:12)

Jesús está vivo en nosotros, y es tiempo de que sepamos que Jesús tiene un ministerio hoy, y ahora. Quiere establecer su reino en nosotros y reinar en el trono de nuestras vidas. Cuando esto sucede, los deseos de su corazón serán los nuestros, sus planes, los nuestros, y Él moverá cielo y Tierra si es necesario, para que se cumplan.

Las tropas estadounidenses estaban en el golfo Pérsico; Saddam Hussein había invadido Kuwait.

Hacía poco me habían operado el cuello, la operación duró ocho horas. Me sentía mal y ya no podía tomar más analgésicos porque me hacían sentir peor. Me sentía deprimido. Satanás me decía:

– ¡Estás frito! ¡Se acabó! Nunca te recuperarás de esta.

Oré:

– Señor, tú dijiste que me darías lo que mi corazón desea, y harías realidad mis planes. Te agradezco porque hoy tú me estás sanando.

Poco podía yo saber del poder de esa oración. En lugar de un milagro físico, el Señor me dijo:

– Dijiste que querías hacer algo grande por mí. ¡Bien! ¡Hazlo! Ve a predicar a Arabia Saudita.

– Señor –dije– No puedo. Me cortarán la cabeza.

Comencé a reír. Me preocupaba mi cabeza.

– Oh, bien, no habrá mucho que cortar –pensé.

– Pide una visa a Arabia Saudita –dijo el Señor

– Señor, no puedo. No me la otorgarán.

– ¿Cómo lo sabes? No la has pedido.

– Ni siquiera Billy Graham la tiene –dije.

– Lo sé, pero él nunca la solicitó. Ve, nada más –continuó el Señor.

Obedecí las indicaciones –mejor dicho, órdenes– del Señor. Obtuve la visa y me dirigía hacia Dhahran, en Arabia Saudita, con la cabeza afeitada a causa de la operación, y con marcas de puntos de sutura en el costado y la nuca.

Llegué muy tarde y fui al Gulf Meridian Hotel. No conocía a nadie.

Dios iba a tener que moverse mucho, porque aquí estaba yo, y enfermo, y sin conocer a nadie ni saber qué hacer. A la mañana siguiente me arrodillé y oré:

– Padre, el deseo de mi corazón es agradarte. ¿Qué hago?

Oí que el Señor le decía a mi espíritu:

– Ve al Dhahran International Hotel y saluda con un apretón de manos al primer hombre que veas salir por la puerta. Dile: "¿Puedo ir con usted?"

Fui al hotel. Cuando salió el primer hombre por la puerta, me acerqué, lo saludé con un apretón de manos, y le pregunté:

– ¿Puedo ir con usted?

– ¿Quién es usted? –preguntó el hombre, sorprendido.

– Mike Evans.

– ¿De dónde viene?

– De Texas.

– ¿Cómo llegó aquí?

– Con British Airlines. Sé que pensará que estoy loco, pero no lo estoy. Quiero ir con usted.

– Está bien. Vendrá. Encuéntreme aquí mañana a las 06:15.

Llegué a las 05:45, y esperé en el lobby oscuro. A las 06:15 llegaron unos Jeeps al hotel. En el cuarto Jeep iban el general a mando de la Fuerza Aérea Real Saudita, el gobernador de Bahrain, y el comandante de las Fuerzas Multinacionales. El mismo hombre a quien yo había saludado, el General Khaled bin Sultan, iba a la frontera de Kuwait para reunirse con los comandantes del Tercer Ejército Egipcio y el Alto Comando Sirio. El General Khaled bin Sultan. En el viaje, le hablé de Jesucristo.

– La cruz me pone nervioso –dijo–. Sabe, creo que está buscando convertirme. Cortamos cabezas por eso. ¿Quiere ir allí el jueves?

– No, gracias –respondí–. El jueves tengo un día ocupado y no tengo ni un momento libre.

El general rió.

– Usted me agrada –dijo.

– Me alegro –dije–. Soy amigo de Jesús, y vea mis manos. Dios le dará de vuelta su tierra en menos días de los dedos que hay en mis manos, y casi sin derramamiento de sangre. Jesús dice que le diga esto –espeté.

– Así que, debe ser usted un profeta. Si esto sucede, lo invitaremos a Kuwait a hablar con la familia real sobre Jesús y su cruz.

Sonreí. Sí, Dios. ¡Eres grandioso!

En ese viaje hablé de Cristo con comandantes egipcios y sirios. Fue una cita verdaderamente divina. La depresión y el dolor en la nuca desaparecieron. Olvidé la cirugía. Estaba ocupándome de grandes asuntos para mi Dios. Este era un gran plan. Me había dicho cuando yo tenía once años que Dios tenía un gran plan para mi vida.

Cuando regresé fuimos al centro de la ciudad y comencé a predicar. Un coronel militar se me acercó:

– ¿Está usted loco? –dijo–. ¡Lo arrestaremos para salvar su vida antes de que le corten la cabeza!

Sonreí, y dije:

– Venga a mi habitación. Me sentiría honrado si fuera a la cárcel por Jesús. Será un servicio de Pablo y Silas.

Esa noche, cuando llegué al hotel, me vieron unos *sheiks* de Kuwait, con sus cuentas de rosario musulmán, y me dijeron:

– Usted es amigo de Arafat.

Uno de ellos recordaba haberme visto en 1988 en la Asamblea General de las Naciones Unidas, una sesión especial.

No me habían invitado a esa sesión, pero el Señor me había dicho que fuera.

– ¡Pero Señor! ¡No me han invitado! No soy funcionario de gobierno.

– ¿No lo eres? –preguntó el Señor–. ¿No crees que mi reino es gobierno? Ve, y yo abriré la puerta.

Así que fui y, por supuesto, Dios abrió la puerta. Me encontré en medio de la Asamblea general, en todas las sesiones. Hablé de Cristo con cuarenta y tres ministros extranjeros, y recibí una tarjeta de parte de cada uno de ellos. Fue una experiencia increíble.

Por la noche Arafat hablaría en una conferencia de prensa especial. Por supuesto, yo no había sido invitado. Esa mañana el Señor me indicó que fuera a una habitación. Me envió a la primera hilera de asientos junto a la mesa. Me dijo que pusiera mi portafolio allí, y que lo cerrara.

Al ir hacia mi hotel, un hombre se me acercó, fuera de la Asamblea General, escupió mi zapato y me dijo:

– Si abres la boca para hablar contra el presidente Arafat, te vuelo la cabeza.

La unción de Dios estuvo sobre mí esa noche cuando volví al cuarto donde Arafat y su comité ejecutivo de terroristas se hallaban reunidos. La puerta estaba cerrada, y había guardias. El cuarto estaba lleno de invitados, y me refiero a **invitados**. Yo vi que era la habitación donde Dios me había indicado que dejara mi portafolio.

– Disculpe, señor –le dije al guarda–. Necesito ir a mi asiento.

– ¿Qué asiento? Usted no tiene asiento aquí.

– Sí – respondí–. Vaya al frente de la habitación y abra mi portafolio. La combinación es 1001.

El hombre así lo hizo, y me acompañó a mi asiento. Unos minutos más tarde, entró Arafat. Me hallaba justamente frente a él, en el asiento del medio. Después de su discurso, con cobertura en vivo por la prensa mundial, dijo al grupo que elegiría a tres personas para que le preguntaran algo.

Yo sabía que no me elegirían, así que dije:

– Sr. Arafat. Jerusalén es la capital judía del Estado de Israel donde retornará el Mesías judío.

– ¡Cállese, cállese! ¿Qué debo hacer para que se calle? ¿Desnudarme? Sería absurdo –dijo Arafat en su pedante inglés.

Siguió gritando mientras yo hablaba. **Tuve miedo.**

– Señor –dije– si me has enviado aquí para que conquiste mis miedos, no funciona. ¡Van a matarme! Dividiste el mar ante Moisés. Yo solo necesito un par de metros para salir de aquí.

De repente, fue como si se extendiera una alfombra. Salí al oscuro corredor. Mientras avanzaba, me pareció que jamás encontraría la salida.

– No temas, habrá un taxi esperándote con la puerta abierta –me dijo el Señor–. Entra al taxi, y ve a tu hotel. Sonará el teléfono cuando llegues. Ningún ser humano te lastimará.

Sí, allí estaba el taxi. Sí, cuando llegué a mi habitación del Hilton Hotel en Ginebra, estaba sonando el teléfono. Era Reuben Hecht, el consejero principal del primer ministro de Israel.

– Mike, te oímos aquí en Israel. ¿Cuántos guardaespaldas tienes? Arafat es un terrorista, y su gente también lo es –dijo el consejero Hecht al teléfono.

– Oh, tengo muchos guardias. Son todos ángeles.

– Son buenos –respondió Reuben.

– Sí, claro. Muy buenos. –No sabía que yo hablaba de ángeles celestiales.

– En tal caso ¿podrías hablar por Israel mañana, después de que hable el embajador?

Nunca más tuve miedo de un terrorista. Dios respondió a mi oración y me libró del miedo al terror, de manera sorprendente.

Unos días más tarde mis órdenes celestiales me indicaron que fuera a Irak. Fui y prediqué también allí. Mi último sermón, en un campo embarrado, fue sobre Jonás y Nínive. Hablé ante cientos de personas, pero solo un anciano se acercó para recibir a Cristo. Estaba desilusionado. Yo esperaba que se acercaran unas treinta o cuarenta personas. Pero cuando vi las lágrimas y el gozo del anciano, me regocijé con él.

Mi intérprete saltaba, excitado. Yo no entendía. Me repetía:

– ¿Puedes creerlo? ¿Puedes creerlo?

– ¿Creer qué? –pregunté.

– Ni sabes lo que acaba de suceder ¿verdad?

– Sí que lo sé. Encontró al Señor.

– No. Digo sí. No es eso lo que más me entusiasma. Este sheik es kurdo. Gobierna dieciséis provincias, y la ciudad capital es Nínive. Sí, acabas de llevar al rey de Nínive a Cristo. Te ha invitado a venir a Nínive para hablar de Cristo. También ellos se arrepentirán.

Me sentía muy cansado, pero entusiasmado al ver los planes de Dios. Me sentía pleno.

– Señor ¿puedo ir a casa ahora?

– No –dijo Él–. Ve a Jerusalén.

Irak estaba atacando con SCUDs, mientras yo me registraba en el Hyatt Regency Hotel de Jerusalén. El hotel estaba lleno. Los israelitas de Tel Aviv y Haifa habían venido, sabían que Saddam no haría fuego sobre Jerusalén. Temía que por error se destruyera la Mezquita de Omar. Un anciano rabino se me acercó. Era de corta estatura, por lo que me incliné. En las manos llevaba una máscara antigás en una caja de cartón.

– ¿Ha venido de visita? No es buen momento para recorrer la ciudad.

– No –dije– no he venido como turista.

– ¿Por qué tiene ojos sonrientes? Veo que no tiene miedo. Tiene paz, puedo verlo. ¿Toma drogas?

– No. Pero tomo una píldora. La píldora del Evangelio –respondí.

David sabía que sus planes y deseos no se cumplirían por su propia fuerza. Lo mismo sucede con nuestros planes y deseos. No podemos hacer cosas de valor eterno sin una vida de oración al rojo vivo.

Los ojos de Dios buscan corazones hambrientos dispuestos a rendirse a la persona del Espíritu Santo, sedientos de estar con Jesús. Cristo ha decidido que reinaremos con Él. Es su misión, no solo cuando lleguemos al cielo, sino mientras estamos en esta Tierra.

Hay un lugar en Cristo que apagará los dardos incendiarios del enemigo, sin que importen las circunstancias. Cuando intentamos controlar las cosas, solo conseguimos contactarnos con Dios, la carne del Espíritu. Con Jesús en el trono de nuestras vidas, como Señor y Rey, experimentamos el contacto espíritu con espíritu. Mientras tememos a Dios, jamás temeremos al hombre. Cuando hemos estado con Jesús, jamás renunciaremos a esa intimidad para bailar al son de la música de otro ser humano. Pero si pasamos nuestro tiempo buscando agradar a los hombres, estaremos en una rueda de arrepentimiento y lamentos. Buscar agradar a los seres humanos es fornicación espiritual, cuando Cristo busca abrazar a su esposa.

Cuando permitimos que el Rey gobierne nuestras vidas, nuestra gran pasión es ver a Dios haciendo su obra por medio de nosotros, en todo tiempo y lugar, de la manera que sea.

Jesús nos ha llamado *"A su reino y su gloria"* (1 Tesalonicenses 2:12). Hemos sido llamados al reino de Cristo en la Tierra. La batalla que Cristo libra con Satán no acabó con el reino de Dios en el cielo. El reino del cielo ya estaba firmemente establecido, y no sujeto a Satanás ni a conflictos con Satanás. Cristo derrotó a Satanás para establecer el reino de Dios en esta Tierra.

Cumplir con nuestro destino es algo que nos llega cuando sentimos el poder de Dios. Pero no podemos tener su poder sin su presencia. ¡Entramos en presencia de Dios por medio de la oración!

El Rey de gloria está reuniendo un ejército de poderosos hombres y mujeres que no buscan un trono temporal, ni poder temporal, y que no portan armas carnales de poder, y que no buscan acumular el elogio del hombre. Muertos a sí mismos, su única esperanza es sentarse en lugares celestiales con Cristo, la esperanza de gloria. Solo ellos aterrorizan a los demonios del infierno y atormentan principados y poderes, porque la ambición no puede comprarlos. Solo ellos obtendrán la más grande cosecha que haya visto el mundo.

Estos soldados del Rey no persiguen a las "superestrellas" de la fe esperando obtener un autógrafo para sus Biblias. Ven una única y brillante Estrella del Amanecer, Jesús, que ha escrito su nombre en las tablas de sus corazones. Dejan sus planes a sus pies, y aceptan su plan para sus vidas. Para ellos la persona del Espíritu Santo ya no está enjaulada por la carne, en el trono. En sus vientres la semilla de Dios germina su destino en la Tierra. No son simplemente maleteros del alto y poderoso; son guerreros, comisionados por el León de Judá a reunir naciones ante Él.

De la misma manera en que la intimidad entre un esposo y esposa produce vida, la intimidad entre Jesús y su esposa produce vida.

David sabía cómo entrar en presencia de un Dios santo. Sabía que esa era la llave.

Jesús planificó un magnífico destino para usted, y le dio increíbles oraciones y profecías.

¿Ha estado usted con Jesús?

Su familia lo sabrá cuando usted haya estado con Él. Sus amigos lo sabrán y, lo que es más importante, los perdidos lo sabrán. Cuando hemos estado con Jesús un fuego consume nuestros huesos. Derribamos ídolos. Todo lo que tome el lugar del señorío de Cristo, se elimina.

Se destruyen los ídolos porque nuestro orgullo se quiebra. La Biblia dice: *"Los sacrificios de Dios son el espíritu quebrantado; al corazón contrito y humillado no despreciarás tú, oh Dios"* (Salmo 51:17).

¿Ha estado usted con Jesús? Si ha estado con Él, la Palabra está viva, metida en sus huesos.

¿Ha estado usted con Jesús? Si ha estado con Él, ya no teme a ningún ser humano.

¿Ha estado con Jesús? Si ha estado con Él, entonces Él le ha dado a conocer el misterio de su voluntad, que es el beneplácito del Señor.

Sí, Dios está listo para mover cielo y Tierra por usted, si ha estado usted con Jesús. Esta listo para cumplir todos sus planes y los deseos de su corazón.

En vez de que Jesús solamente apareciera en Belén, porque Dios hizo la conexión con Dios, ¡el Rey aparecerá en su espíritu para cumplir su destino a través de usted!

¿Por qué no se detiene y ora *La oración de David* ahora mismo?

La falta de oración es la bacteria que causa la enfermedad de la falta de fe.

¡Dios movió cielo y Tierra por usted en el Calvario!

Pareciera que esta revelación está reservada a unas pocas vasijas elegidas. Pero esos días ya han quedado atrás... ES TIEMPO DE COSECHAR. ¡Jesús viene pronto!

CAPÍTULO 7

LAS NOTICIAS DE MAÑANA, ¡HOY!

"Nosotros nos alegraremos en tu salvación,
y alzaremos pendón en el nombre de nuestro Dios."

Recuerde que esta oración no era realmente y solo de David. Jehová se la dio a David bajo inspiración del Espíritu Santo. Es de inspiración divina, como toda la Biblia. ¡Y David fue el primero en orarla! Así que la llamamos la Oración de David.

Piense en esto: *"Nosotros nos alegraremos en tu salvación, y alzaremos pendón en el nombre de nuestro Dios".*

¡Es un cheque celestial en blanco, firmado por Dios! ¡Qué promesa! David proclama, por fe, que esta oración será respondida y ¿qué sucederá cuando llegue la respuesta?

David era un proclamador. Se convirtió en el portador de la antorcha de la revelación.

Jesús se regocija de ser de la semilla de David: *"Yo Jesús he enviado mi ángel para daros testimonio de estas cosas en las iglesias. Yo soy la raíz y el linaje de David, la estrella resplandeciente de la mañana"* (Apocalipsis 22:16).

¡Gracia asombrosa! David ni siquiera habría sido semilla, de no ser por "la Semilla", Jesús.

Jesús es tan valioso y digno que bendice y honra a la semilla que Él mismo crea, a pesar de sus fallas.

¿Ve que siempre somos bendecidos?

El cielo se regocija por la salvación de cada alma en particular. Estoy seguro de que clama victoria. David nos dice que habrá gritos de gozo de parte de más de una persona –estamos todos incluidos, ¡usted también si lo desea!– ante la respuesta a esta oración.

Hay mucho clamor en la Biblia: *"Porque el Señor mismo con voz de mando, con voz de arcángel, y con trompeta de Dios, descenderá del cielo; y los muertos en Cristo resucitarán primero"* (1 Tesalonicenses 4:16).

"Venid, aclamemos alegremente a Jehová; cantemos con júbilo a la roca de nuestra salvación" (Salmo 95:1).

"Aclamad a Dios con alegría, toda la tierra" (Salmo 66:1).

Gritar de gozo y victoria era una forma de *adoración*. Las murallas caen, ¡GRITEN! Toquen la trompeta y griten victoria para Dios.

¡Los ángeles gritan! ¡Jesús grita! ¡Los santos gritan!: ¡GLORIA! ¡ALELUYA! ¡BENDITO SEA EL SEÑOR!

¡Y se nos promete que el cielo gritará cuando nuestra oración sea respondida!

A mis jóvenes 31 años tenía que ingresar en el pabellón de cardiología. Había trabajado dieciocho horas al día, siete días a la semana, durante años. No fue una decisión inteligente, y por cierto no estaba cuidando del templo de Dios, que es mi cuerpo. El estrés me había creado problemas.

¡No había tenido un infarto! Pero el doctor me dijo:

– Será mejor que se cuide, o sí lo tendrá.

Mi depresión empeoró y comencé a tener ataques de pánico. Hasta dejé de predicar y abandoné nuestro ministerio en Nueva York. Perdí mi gozo, mi grito de victoria, mi esperanza.

Durante un año me sentaba en la escalinata de nuestras oficinas y lloraba en la oscuridad.

Me mudé nuevamente a Texas, totalmente derrotado. Al mismo tiempo tenía problemas serios con mi cuello. No podía hacer que dejara de temblar. Realmente parecía que estaba al borde de un ataque. Después de ocho años me diagnosticaron una rara enfermedad neurológica. Mi cabeza se sacudía todo el tiempo y se echaba hacia arriba. Todos los músculos de mi cuello sufrían de espasmos. Me sentía derrotado, quebrado.

Hasta tomé un curso de agente inmobiliario. Mi plan era dejar el ministerio y el llamado de Dios para mi vida. Ese era el problema, era mi plan y no el plan de Dios.

Había un pastor que me pedía siempre que predicara para él. Yo no quería hacerlo, pero finalmente, acepté.

"Señor, no tendría gozo ni paz. No sé qué más hacer, sino renunciar –lloré mientras miraba por la ventana del avión–. Estoy muy avergonzado".

El Señor me habló en ese avión, y me dio las Escrituras. Me dijo que fuera a mi habitación, que la orara y que gritara y gritara y gritara... no por ira, sino con fe.

Así que, me aferré a las Escrituras, orando y gritando.

La porción de las Escrituras era Isaías 43:18-19: *"No os acordéis de las cosas pasadas, ni traigáis a memoria las cosas antiguas. He aquí que yo hago cosa nueva; pronto saldrá a luz; ¿no la conoceréis? Otra vez abriré camino en el desierto, y ríos en la soledad".*

La copié y pegué en el tablero de mi auto, en mi oficina, en el espejo y hasta en el basurero, para que cada vez que echara la basura allí, pudiera verla. La escribí en una tarjeta y la llevo en mi billetera. Pensaba, oraba y meditaba en esta Palabra, todo el tiempo. En retrospectiva, casi con seguridad puedo decir que casi todo lo que Dios ha hecho en mi vida, ha sucedido cuando yo oré y recibí la Palabra de Dios, cuando me aferré a ella. ¡Sin compromiso alguno! Sin que importara cómo me sintiera, cuáles fueran las circunstancias o qué me dijeran otras personas, yo me aferraba a esa Palabra. Ni siquiera me importaba qué me decía a mí mismo. ¡Hacía de esa Palabra la autoridad suprema en mi vida!

Ahora veo que cuando hacemos de la Palabra la autoridad suprema en nuestra vida, estamos haciendo del Señor la autoridad suprema. No podemos creer en la Palabra sin rendirnos al señorío de Cristo. ¡Nuestra fe estalla cuando oramos la Palabra con todo nuestro corazón!

Cuando llegué a casa le dije a mi esposa Carolyn que Dios me había hablado mediante Isaías 43:18-19.

– Me aferro a esta Palabra, hasta que el infierno se congele –dije.

Había decidido ir a Israel.

– Amor, ¿por qué vas a Israel? –preguntó Carolyn.

– A reunirme con Begin –dije.

– Pero ¿estás invitado? –quiso saber.

– No, pero Dios me ha dicho "Ve", y sé que Él me envía. Ya no puedo seguir escapando. No puedo ganar esta batalla, pero Dios sí puede. Tendré que entregarle todas mis preocupaciones a Él. Él me cuida.

Sí, fui. Me registré en el hotel y oré durante una semana. Le había enviado un cable al Primer Ministro Begin solicitando una entrevista. No había expectativa –según el curso normal de las cosas– de que me recibiera, claro. Bueno, sí lo hizo. Durante treinta minutos no dije nada, mientras él me hablaba sobre su infarto y otros problemas.

– Mike, ¿por qué viniste? –me preguntó finalmente.

– No sé por qué. Solo sé que Dios me envió.

Sonrió y dijo:

– Démonos la mano. Por fin conozco a un hombre sincero. No sabes por qué viniste, solo sabes que Dios te lo indicó. Eso me gusta. Hazme un favor cuando Dios te diga por qué, vuelve y dímelo. Quiero saber.

Dejé su oficina, gritando y aclamando a Dios, sabiendo que en medio de mi agonía Dios me revelaba mi destino. Sí dijo que tenía un gran plan para mi vida, cuando yo tenía once años.

Tiempo después volví a ver al Primer Ministro Begin. Le dije que sabía por qué Dios me había enviado.

– Construya un puente –le dije.

– Un puente –rió–. ¿Como el Puente de Brooklyn?

– No –respondí–, un puente de amor entre los cristianos y los judíos en Israel.

– Bien, te ayudaré a construir ese puente.

Nos hicimos amigos y nos encontrábamos a menudo.

Sí, había pasado yo por momentos de terror. Pero Dios nunca me había abandonado. Solo había esperado que yo creyera lo que Él cree.

No, nunca he mirado atrás desde esos oscuros tiempos. Solo me regocijo en la grandeza de nuestro Dios.

Ese primer año recibí 18.500 cartas de agradecimiento de gente judía por el trabajo que hacíamos al construir un puente de amor.

Cuando Dios dice sí, uno puede poner su firma. Es lo que va a suceder.

"Es, pues, la fe la certeza de lo que se espera, la convicción de lo que no se ve" (Hebreos 11:1).

"Y sabrá toda esta congregación que Jehová no salva con espada y con lanza; porque de Jehová es la batalla, y él os entregará en nuestras manos" (1 Samuel 17:47).

Flameaban las banderas como parte del equipaje militar acarreado en tiempos de guerra, para reunir, dirigir, distinguir o alentar a las tropas. También se utilizaban para las celebraciones. La bandera era el reconocimiento de la gloria de Dios, implorando su favor.

La liberación está en camino. Cuando los hijos de Israel dejaron el Sinaí para tomar posesión de la Tierra Prometida, marcharon bajo banderas.

La bandera es una insignia. Las banderas que hoy flamean para el creyente llevan el nombre de nuestro Dios, *Yeshua* (Jesús), escrito. Su color es rojo, por el poder de la sangre; y la banda es para la palabra del Evangelio, la Buena Nueva.

Honrar a nuestro Dios. ¡Qué promesa! David recordaba que su victoria era en nombre de su Dios. Regocijémonos porque todos los gigantes en su vida y en la nuestra se inclinen ante ese poderoso nombre.

"Y sabrá toda esta congregación que Jehová no salva con espada y con lanza; porque de Jehová es la batalla, y él os entregará en nuestras manos" (1 Samuel 17:47).

Dios rescribió el texto de la vida de David mediante el poder de su poderosa mano, y hará lo mismo por usted. Usted gana, porque Él ya ha ganado.

CAPÍTULO 8

GARANTÍA CELESTIAL

"Que Jehová conceda todas tus peticiones."

¿**C**uáles son sus oraciones y peticiones? ¿Se atreve a alabar a Dios en fe, creyendo que Él responderá a todas sus oraciones?

David no habría orado esta oración si eso no fuera posible.

¿Cuánta gente conoce usted con brillantes testimonios de oraciones respondidas, gente que "vivía en la duda"?

Si Dios le dijo a David por medio de la persona del Espíritu Santo que orara "que el Señor responda a todas tus oraciones", entonces tengo yo derecho a llegar ante el trono de gracia.

Observe que dice que "el Señor" responda "a todas tus oraciones". Debemos hacerlo Señor, para poder recibir tu maravillosa bendición.

¿Cómo hago Señor a Cristo?

¡Poniendo a Cristo primero, todos los días, y en todas las cosas! Primero Jesús. El mundo agonizante y perdido mira hacia abajo, al túnel de la eternidad; solo el pueblo que hace de Jesús su Señor puede rescatar multitudes.

Destrone al propio ser cada día, al orar *La oración de David*: "No mi voluntad, Señor, sino la tuya, se cumpla en mi vida hoy".

Dios no me consulta para diseñar su plan o su propósito a través de mí. Es mi responsabilidad consultarlo a Él. Debe ser en su voluntad; Él no ha hecho provisión alguna para mi voluntad. Todas nuestras oraciones pueden ser respondidas, si entendemos este principio.

Cuando reina el propio ser sobre nuestras vidas, podemos estar seguros de que la norma será el caos, por religiosos o sinceros que seamos. El caos es señal segura de que no hemos estado con Jesús. El cristianismo en caos distorsiona la imagen del Salvador viviente. Seguro, el cristiano caótico jamás conocerá la abundante vida en Cristo. Porque para él, solo será un mito.

¡Qué triste es conformarse con la tradición! El hábito está formado, pero se pierde el hambre. Nuestra hambre de Dios es la mayor señal de quién está en el trono de nuestras vidas.

La carne desea conquistar la cruz, ignorarla y desdeñar el señorío de Cristo. ¡La cruz desea conquistar la carne y erradicar su señorío!

En el vientre de los cristianos el Señor Jesucristo habita a través de la persona del Espíritu Santo, a causa del nuevo nacimiento.

La mayoría de nosotros dejó todo cuando vimos un atisbo de la mano de Dios, su oreja, su pie, y nos dedicamos a adorar una pequeña parte de nuestro Señor.

Pero quienes desean hacer de Jesús el Señor de su vida, se niegan a conformarse con las victorias del pasado. No se contentan con apacentar en el cielo, como aquellos en el libro de los Hechos a quienes los ángeles reprendieron (vea Hechos 1:11). Cuando Jesús es Señor, no nos conforma nada menos que buscar su rostro, hasta que lo vemos "Cara a cara, viendo su gloria".

Dios busca escuchar el latido de Jesús en usted. Cuando el Padre lo oye, el cielo entero será autorizado a moverse por usted.

Nuestra generación tiene una cita divina con el destino. Lo que hacemos con Cristo resonará en toda la eternidad.

Debemos confesar que nuestra sociedad secular ha reempacado y retardado nuestros valores cristianos, los ha filtrado de vuelta hacia la iglesia, en un estado lavado, neutralizado, sin vida, ha dejado al cristianismo en un estado de pasividad.

Señor ¡responde a mis oraciones! Y que sea usted una respuesta a la oración de nuestro Señor.

"El que en mí cree, las obras que yo hago, él las hará también; y aun mayores hará, porque yo voy al Padre" (Juan 14:12).

Cuando yo tenía once años Dios me dijo que tenía un gran plan para mi vida. Siempre lo he creído.

Cuando Norteamérica anunció que los EE.UU. y Rusia tendrían la Conferencia de la Paz en Madrid, en 1991, después de la Guerra del Golfo, yo sabía que Jesús estaría allí. No puede lograrse una conferencia para la paz sin que asista el Príncipe de la Paz, aunque no lo hayan invitado.

Volé a Madrid creyendo que Dios respondería a mi oración y me pondría "ante una puerta abierta que nadie puede cerrar" (Apocalipsis 3:8). Cuando el taxista me llevaba allí, me preguntó dónde iba. Realmente, yo no sabía así que respondí:

– Al hotel en el que se alojan los líderes del mundo.

– Oh, el Madrid Ritz.

– Sí –respondí–. Creo que todo comienza mañana.

– No –dijo– el primer ministro israelí se reúne ahora en la embajada rusa con el presidente de Rusia, Gorbachev.

– Entonces lléveme allí, y rápido.

Me dejó frente al portón de entrada de la embajada y se alejó. Llovía y hacía frío. Era la puerta equivocada. Corrí hasta quedar agotado, hacia el otro lado de la embajada de Rusia. Los medios de comunicación rusos estaban del lado de afuera, gritando y pidiendo que los dejaran entrar.

Me uní a ellos, gritando más fuerte que los demás. A los rusos les gusta liderar. Llegó un oficial en respuesta a nuestros gritos.

– Yo estoy a cargo –dijo.

– Quiero entrar

– ¿Dónde están sus credenciales?

Lo único que tenía era mi Biblia. La mostré en alto y dije:

– Estas son mis credenciales.

El hombre miró mi Biblia y dio la vuelta para alejarse.

– Señor, vuelva –dije.

Se volvió, y yo puse mi dedo entre las rejas.

– En el nombre de Jesucristo, que me ha enviado aquí, abra la puerta y déjeme entrar.

De repente la puerta se abrió, y yo entré con lágrimas en los ojos.

Dios seguía favoreciéndome, y asistí a casi todas las sesiones en el Palacio Real. En una de las pausas los ministros de relaciones exteriores de Egipto y Siria me preguntaron:

– ¿Es usted ministro?

– Sí, represento a un reino
– ¿Qué reino?
– El reino de Dios.
– Jamás oímos de él. Debe ser un reino muy pequeño.
– Oh, no. Es tan grande que tragará a todos los demás reinos.
Rieron.
– ¿Es usted semita?
– Sí, lo soy.

Miré al ministro egipcio y dije:

– ¿Por qué no obedece las palabras de su primer ministro y secretario de Estado más grande, que ocupó ambos puestos al mismo tiempo?
– Nunca tuvimos un ministro así. Si lo hubiéramos tenido, claro que seguiríamos sus palabras.

Abrí mi Biblia y leí: *"Y José perdonó a sus hermanos"*.

Sí, claro que Dios desea responder a todas nuestras oraciones.

Es momento de declarar la guerra a los que solo miran el cielo. Los que miran el cielo y nada más, contaminan los propósitos de Dios. Se saturan con perfume religioso, pero viven según la agenda humana.

Causan un corto circuito en el poder de Dios.

Si Cristo diera poder a los egoístas que ocupan el trono, sería una burla al sacrificio que Él hizo en el Calvario. Si nos negamos a rendir el control de nuestras vidas a Cristo, estamos declarando la guerra a su señorío.

Sí, Dios quiere responder a nuestras oraciones, pero primero el egoísmo debe bajarse del trono de nuestras vidas. Cuando en el trono ponemos nuestro propio ser, el espíritu de rebeldía infecta y contamina la casa de Dios. En lugar de dañar las puertas del infierno, muchos pastores pasan demasiado tiempo controlando los daños porque hay santos que se niegan a rendir el trono de sus vidas al señorío de Cristo. La gente quiere usar su nombre para adquirir fama.

Es tiempo de elevar nuestras voces en santa indignación y decidir que nuestras vidas no serán terreno donde eche su basura la contaminación de Satanás.

Sí, Dios quiere responder a nuestras oraciones. Cuando decidimos que viviremos nuestras vidas a la luz de la eternidad, las oraciones respondidas son tan naturales como respirar.

Usted y yo jamás reinaremos con Cristo a la luz del sol si nos negamos a permitir que Cristo reine a través de nosotros en medio de las tormentas.

Nuestro Señor lo dijo: *"Si algo pidiereis en mi nombre, yo lo haré"* (Juan 14:14).

"Otra vez os digo, que si dos de vosotros se pusieren de acuerdo en la tierra acerca de cualquiera cosa que pidieren, les será hecho por mi Padre que está en los cielos" (Mateo 18:19).

Sí que tenemos una garantía celestial.

Esta es la generación de las más grandes obras. Dios me ha probado una y otra vez, que Él es el Hacedor de las grandes obras, el Dios de los imposibles, el Dios que abre puertas.

– Amor, han matado a tu amigo –dijo Carolyn.

– ¿A quién?

– Al primer ministro Rabin –respondió.

Esto quebró mi corazón. Había orado con él en Jerusalén, y le había escrito una larga carta. Era un gran hombre.

– Dios ¿qué hago? –oré.

Los israelíes efectúan funerales rápidos, y este era un funeral de Estado. No me habían invitado.

– Ve –dijo el Señor.

Y fui. Cuando aterrizó el avión no podía creer lo que veían mis ojos. Había representantes de todas las naciones del mundo. Sus aviones llenaban el aeropuerto. Había más de 18.000 efectivos de seguridad.

La reina Beatriz, de los Países Bajos; el príncipe Carlos, de Inglaterra; el Canciller Helmut Kohl, de Alemania: el Primer Ministro John Majors, los presidentes Jimmy Carter, Bill Clinton, y George H. W. Bush estaban allí... ochenta y seis líderes mundiales.

– Solo podrá llegar a ocho kilómetros del funeral –dijo el taxista.

– Siga conduciendo, que yo seguiré orando.

– ¿No podría conducir usted? –dijo el conductor. Reí.

Tenía razón. A kilómetros del funeral las calles estaban cerradas. Había militares en todas partes. No teníamos autorización para pasar. Normalmente, las fuerzas de seguridad nos habrían hecho retroceder enseguida.

De repente, oí una voz:

– ¡Quite este taxi de aquí ahora mismo!

Bajé mi ventanilla. El coronel me miró y sonrió:

– Mike Evans, ¿es usted? Oh, bueno, usted no cree en el 'no' ¿verdad?

– No cuando me envía Dios.

– Bien, pase... pero no creo que lo dejen pasar los guardias de seguridad.

Avanzamos varios kilómetros a lo largo de calles vacías. Salí y pasé por dos puestos de seguridad. Nadie dijo una palabra. Mientras caminaba por la colina hacia el funeral, los guardias de seguridad me miraban, pero nadie me dijo nada. No tenía credenciales, con la excepción de un pase celestial. A corta distancia de un líder mundial, oí:

– Mike Evans, utilice este pase. ¿Cómo logró llegar aquí? No importa. No le diga a nadie que logró evitar nuestros dispositivos de seguridad. Sería una vergüenza.

– Oh, Mike, ¿no fue usted al Hyatt Regency Hotel? Tenía allí su invitación y su pase.

– No, vine directamente desde el aeropuerto.

En el funeral, abracé a docenas de israelitas que lloraban, consolándolos. Sí, Dios me había enviado. Él responde a nuestras oraciones cuando estamos en su voluntad.

El miedo más grande de Satanás es el Hijo de Dios que ha estado con Jesús, que se ha rendido totalmente al fuego santo del Dios viviente y manifiesta en todo la gloria de Dios. La religión no puede liberar a nuestras familias, a nuestra nación ni a nuestro mundo… ni siquiera a nosotros. No hay tiempo para fingir. Solo hay tiempo para actuar con sinceridad.

Hijo de Dios, usted y yo vivimos en el conteo final que no puede detenerse. Es tiempo de buscar al Señor. Vendrá pronto, y todavía falta levantar la cosecha.

"Levántate, resplandece; porque ha venido tu luz, y la gloria de Jehová ha nacido sobre ti. Porque he aquí que tinieblas cubrirán la tierra, y oscuridad las naciones; mas sobre ti amanecerá Jehová, y sobre ti será vista su gloria. Y andarán las naciones a tu luz, y los reyes al resplandor de tu nacimiento" (Isaías 60:1-3).

"Mas el pueblo que conoce a su Dios se esforzará y actuará" (Daniel 11:32).

"Los entendidos resplandecerán como el resplandor del firmamento; y los que enseñan la justicia a la multitud, como las estrellas a perpetua eternidad" (Daniel 12:3).

Nuestro Señor comenzó el Nuevo Testamento con David, y lo terminó con David en el último capítulo del Apocalipsis. ¡Leyó el mismo salmo que está leyendo usted! Y estoy seguro de que lo oró. La cruz fue un momento de gran terror. Pero gracias a Dios, porque por medio de su muerte y resurrección, ¡usted y yo hemos recibido la promesa de un nuevo día! ¡Felicitaciones, es su día de coronación!

Le dije que el rey David utilizaba esta oración, ¡y que también se la utilizaba el día de coronación de los reyes!

Cuando esta oración entra en su espíritu... realmente dentro... entonces sabe usted que sabe lo que sabe, y se prepara para su día de coronación.

– ¿De qué está hablando? –dirá usted.

Hablo de un Dios que ungió a un pastor para ser una de sus ovejas y que, al hacerlo, elevó a este pastor al estado y privilegio de la realeza. Estoy hablando de usted. ¡Sí, de usted! Lo que Dios hizo por David, quiere hacerlo también por usted.

– No soy rey –dirá.

Bueno, quizá lo sea y aún no lo sepa. Quizá no estaba pensando, caminando, hablando y creyendo como rey.

Dios dice que usted es rey. ¿Qué dice usted al respecto?

Quizá esté usted en un pozo negro, como lo estaba David, pero ¿duda ahora que David llegara a ser rey?

Si no le gusta ser rey, lleve su problema ante Jesús. Él derramó su sangre, para que usted sea su semilla, y para que pueda heredar su legado y testamento.

"Y de Jesucristo el testigo fiel, el primogénito de los muertos, y el soberano de los reyes de la tierra. Al que nos amó, y nos lavó de nuestros pecados con su sangre, y nos hizo reyes y sacerdotes para Dios, su Padre; a él sea gloria e imperio por los siglos de los siglos. Amén" (Apocalipsis 1:5-6).

"Por lo demás, me está guardada la corona de justicia, la cual me dará el Señor, juez justo, en aquel día; y no sólo a mí, sino también a todos los que aman su venida" (2 Timoteo 4:8).

La mayoría de los cristianos no se ven a sí mismos como reyes con unción divina. Pero Cristo sí nos ve así. Es por eso que es tan extravagante en su amor por usted.

¡Cuanto más a menudo lea usted este libro, tanto más hambre de Dios sentirá!

Cuanto más crea en La oración de David, y cuanto más suya la haga, tanto más sentirá que el cielo se abre en su vida porque la fe le abre las puertas. Prepárese.

"Por medio de las cuales nos ha dado preciosas y grandísimas promesas, para que por ellas llegaseis a ser participantes de la naturaleza divina, habiendo huido de la corrupción que hay en el mundo a causa de la concupiscencia" (2 Pedro 1:4).

"Con gozo dando gracias al Padre que nos hizo aptos para participar de la herencia de los santos en luz" (Colosenses 1:12).

"En él asimismo tuvimos herencia, habiendo sido predestinados conforme al propósito del que hace todas las cosas según el designio de su voluntad" (Efesios 1:11).

David recibió una comisión militar para "pelear la batalla de la fe". Lo mismo ha recibido usted.

El rey se arrodilla en momentos de soledad. El día de la batalla está por comenzar. Lleva puesta su armadura. Tiene a la mano las armas de guerra más modernas. Puede oír los cánticos guerreros. La carga de su responsabilidad es muy pesada. Sus consejeros no se ponen de acuerdo. Hay traidores en el campo. Se han acabado las estrategias de sabiduría del pasado. Ahora la carga de la decisión pesa sobre sus hombros. ¿Cuál será su próximo paso? ¿En quién podrá confiar? ¿A quién podrá contarle sus más íntimas frustraciones? ¿Dónde podrá el rey descansar su agobiado espíritu?

Repentinamente, se pone de pie, alza las manos al cielo y clama:

"Jehová te oiga en el día de conflicto; el nombre del Dios de Jacob te defienda. Te envíe ayuda desde el santuario, y desde Sion te sostenga. Haga memoria de todas tus ofrendas, y acepte tu holocausto. Te dé conforme al deseo de tu corazón, y cumpla todo tu consejo. Nosotros nos alegraremos en tu salvación, y alzaremos pendón en el nombre de nuestro Dios; conceda Jehová todas tus peticiones".

Al terminar su oración, David mira hacia el este. El enemigo huye, asustado; lo ha dejado todo atrás. Oye un sonido poderoso y se vuelve, para ver que la nación entera corre a defender a su rey, tocando trompetas de alabanza, haciendo flamear banderas de victoria con los nombres de Dios al viento.

EPÍLOGO

A la manera de David, el Rey

"**P**orque tú salvarás al pueblo afligido, y humillarás los ojos altivos. Tú encenderás mi lámpara; Jehová mi Dios alumbrará mis tinieblas. Contigo desbarataré ejércitos, y con mi Dios asaltaré muros. En cuanto a Dios, perfecto es su camino, y acrisolada la palabra de Jehová; escudo es a todos los que en él esperan. Porque ¿quién es Dios sino solo Jehová? ¿Y qué roca hay fuera de nuestro Dios? Dios es el que me ciñe de poder, y quien hace perfecto mi camino; quien hace mis pies como de ciervas, y me hace estar firme sobre mis alturas; quien adiestra mis manos para la batalla, para entesar con mis brazos el arco de bronce. Me diste asimismo el escudo de tu salvación; tu diestra me sustentó, y tu benignidad me ha engrandecido. Ensanchaste mis pasos debajo de mí, y mis pies no han resbalado.*

Hace muchos años, estaba yo en la oficina del Presidente Ronald Reagan. En su escritorio había una placa que decía: "El hombre puede volverse demasiado grande a sus propios ojos, como para que Dios pueda utilizarlo, pero jamás será demasiado pequeño". En medio de la oposición más dura, David pudo lograr grandes cosas para su Rey porque siguió siendo humilde... pequeño a sus propios ojos. Usted también puede hacerlo. David sabía que la clave del éxito estaba en la obediencia a Jehová, el verdadero hacedor de reyes.

Cuando sus enemigos lo atacaban, David tenía la opción de maldecir y retirarse. Nosotros también tenemos esa opción. Cuando nos retiramos, nos refugiamos en los brazos de Jesús, porque *"El eterno Dios es tu refugio, Y acá abajo los brazos eternos"* (Deuteronomio 33:27).

David oró al Dios eterno: *"Contigo desbarataré ejércitos, y con mi Dios asaltaré muros"* (Salmo 18:29).

Cuando Israel estaba en guerra con los filisteos, tres de los hermanos de David fueron soldados del ejército del rey Saúl. David llegó al campo de batalla para ser rechazado por sus hermanos: *"Yo conozco tu soberbia y la malicia de tu corazón, que para ver la batalla has venido"* (1 Samuel 17:28). Fue rechazado por el rey Saúl, que dijo: *"No podrás tú ir contra aquel filisteo, para pelear con él; porque tú eres muchacho, y él un hombre de guerra desde su juventud"* (1 Samuel 17:33). Pero David se negó a que lo distrajeran. Tenía los ojos puestos en el Rey de reyes y no rendiría el liderazgo de su vida a Saúl, a sus hermanos ni a las humillantes palabras de Goliat: *"¿Soy yo perro, para que vengas a mí con palos?"* (1 Samuel 17:43).

Nada de esto descorazonó a David, porque Dios era su fuerza. Se aferró a su sueño. El nivel de oposición que se requiere para desalentar a un verdadero guerrero será el que determine si está destinado al calabozo o al palacio. David estaba dispuesto a pagar cualquier precio, a enfrentar cualquier oposición, porque sabía que su victoria era la victoria de Dios. Su victoria era la victoria para su familia, su semilla y su nación. El destino de David se definió por su determinación y por cada decisión que tomó en la batalla. ¡Lo mismo vale para usted!

David creía que llegaría a ser rey, aún cuando nadie más reconocía su unción. La percepción que usted tenga de sí mismo determinará las posibilidades que tenga usted. Para los que rodeaban a David, él era un pastorcito con una gomera de cuero. Para David, esta gomera era la espada valiosa y con joyas incrustadas, propia de un rey guerrero. Los demás veían los harapos de David, pero él sentía que estaba vestido con la majestuosidad de un rey.

Dios era el escudo de David. Sabía que no resbalarían sus pies, porque sus ojos estaban fijos en el Señor. Sus manos eran callosas, propias de un pastor, pero con ellas se aferraba a la mano del Eterno. Una palabra de Dios cambió su vida para siempre. Nuestras circunstancias siempre pueden cambiar, si Dios nos arma con fuerza y poder.

Las tribulaciones que David enfrentara no importaban. Sabía que no estaba destinado al pozo, sino al palacio; no a la desgracia, sino a la dignidad. Cuando usted y yo ponemos nuestras manos en las manos de Dios, Él hace que podamos luchar y dar gritos de victoria. ¡Regocijémonos! Porque el escudo de nuestra salvación, el Rey de reyes y Señor de señores, Jesucristo, es el líder que nos guía. Tenemos unción divina.

Construyamos puentes

"Oren por la paz de Jerusalén" (Salmo 122:6).

Muchos nos han preguntaba por el puente de amor entre los cristianos y los judíos que le sugerí al Primer Ministro Begin. Hemos construido puentes de amor desde esa primera reunión en 1980. Ahora estamos construyendo el puente más grande de nuestras vidas. Se llama *Equipo de Oración Jerusalén*. El alcalde de Jerusalén lo inició oficialmente en Dallas, Texas, el 9 de junio de 2002. El Alcalde Ehud Olmert dijo: "Quiero agradecerles, de parte del pueblo de Jerusalén, por su apoyo, su afecto, su amor, su amistad, su generosidad. Volveré a Jerusalén y les diré a las personas de allí que hemos iniciado aquí en Dallas algo que se esparcirá por Norteamérica y luego por el mundo… las Cumbres de Oración de Jerusalén, el Equipo de Oración Jerusalén, que tengo el honor de lanzar hoy aquí. Le he prometido a mi amigo Mike Evans que me uniría a él en visitas de congregación en congregación, de comunidad en comunidad, para participar de las Cumbres de Oración Jerusalén. Y hablaremos, nos acercaremos a la gente, y les diremos de la responsabilidad y el amor que los cristianos y judíos tienen por el destino de Jerusalén. Por el futuro de Jerusalén, por el amor de Dios hacia esta ciudad, por el amor de Dios hacia todos nosotros. Gracias, gracias, desde Jerusalén. ¡Dios los bendiga a todos!"

El 11 de septiembre de 2001 fue un día trágico en la historia de los Estados Unidos. Fue la manifestación física de una batalla perdida durante semanas, meses y quizá años, por falta de oración. Osama ben Laden había atacado a los Estados Unidos durante años, pero la iglesia estaba dormida. Los poderes demoníacos que influyeron sobre él, necesitaban ser violentamente enfrentados por los ángeles santos, por medio del poder de la oración, como en los tiempos de Daniel.

Estoy seguro de que Dios ha levantado a "Nehemías" y "Esteres" para que hagan esto, no solo para que oren *La oración de David*, sino para que sean *La oración de David* para la dolida casa de Israel.

La visión del Equipo de Oración Jerusalén es tener un millón de intercesores que oren diariamente por un reavivamiento nacional, según 2 Crónicas 7:14, como lo profetizara el hijo del rey David, Salomón. También para orar la oración del rey David, que declaró: *"Pedid por la paz de Jerusalén; sean prosperados los que te aman"* (Salmo 122:6).

Orar por la paz de Jerusalén no es orar por piedras y polvo. Porque estas no lloran, no sangran. Es orar pidiendo la protección de Dios para las vidas de los ciudadanos de Jerusalén. Es orar por un reavivamiento. Es orar porque la gracia de Dios sea derramada sobre ellos.

El pastor del abuelo de Corrie ten Boom se acercó a él y le dijo que su iglesia oraría por la paz de Jerusalén. Esto inspiró a la familia Ten Boom a orar cada semana. Como director de la Casa Corrie ten Boom en Haarlem, Holanda, hemos tomado la decisión de reavivar esta centenaria tradición de oración. Pedimos que un millón de cristianos se unan al Equipo de Oración Jerusalén, y pedimos que cien mil iglesias comiencen a orar cada semana durante el servicio del domingo, por la paz de Jerusalén.

¿Quiere ser miembro de Equipo de Oración Jerusalén, y quiere alentar a otros a que también se unan a nosotros? Puede enviarnos un e-mail a: jpteam@sbcglobal.net, o escribirnos a: The Jerusalem Prayer Team, P. O. Box 910, Euless, TX 76039, EE.UU.

Desde el regreso de la ciudad, ha habido cinco mil ataques terroristas en las tierras bíblicas. Ha habido más bombas suicidas en la ciudad de Jerusalén que en cualquier otra ciudad del mundo. David enfrentó a su gigante, y dijo: *"¿Qué he hecho yo ahora? ¿No es esto mucho hablar?"* (1 Samuel 17:29).

Los eventos del 11 de septiembre no fueron un accidente. En Isaías 14;13 Satanás desafió a Dios diciendo: *"Subiré al cielo; en lo alto, junto a las estrellas de Dios, levantaré mi trono, y en el monte del testimonio me sentaré, a los lados del norte"*. Este es el sitio del Templo. La última amenaza de Satanás a Dios fue que se sentaría en el sitio del Templo, del lado norte, para pelear contra Dios. El resultado de esta batalla es la devastación de la ciudad de Jerusalén, la ira que se manifiesta en Judea y

Samaria, y el ataque a los Estados Unidos. Nehemías vio el fuego en Jerusalén y dijo: *"Cuando oí estas palabras me senté y lloré, e hice duelo por algunos días, y ayuné y oré delante del Dios de los cielos"* (Nehemías 1:4).

Al escribir este libro, sé lo que sentía Nehemías. Ayuné y oré durante sesenta y un días, para que Dios respondiera a mis oraciones y a las oraciones de los hijos de Jerusalén, judíos, cristianos y árabes. Las naciones del mundo no pueden resolver el problema de Jerusalén; ya lo han intentado sin resultado. Estoy seguro de que esa es una de las razones por las que escribí este libro. Oré *La oración de David* en Jerusalén, le pedí a Dios que respondiera a mi oración. Oré porque Dios enviara un escudo de protección sobre la ciudad de Jerusalén, sobre la tierra bíblica y sobre Norteamérica. Oré porque Dios enviara un reavivamiento a ambas naciones. Seguiré orando esta oración diariamente, según el Salmo 20.

La Casa de Israel está en un estado de terror, como lo están todos los hijos de la tierra bíblica. Necesitan que el Señor les responda en su día de tribulación. Necesitan que el Dios de Jacob los defienda. Necesitan ayuda del santuario, la fuerza de Sion. Ahora usted conoce mi oración, y cuándo se inició. Creo que un millón de intercesores que oren diariamente, y cien mil iglesias que oren semanalmente por la paz de Jerusalén moverán cielo y Tierra. El cielo y la Tierra se encontraron en Jerusalén, y volverán a encontrarse allí. El control y el gobierno de la guerra espiritual que afecta al mundo no están en Bagdad. Están en Jerusalén. Porque allí es donde dijo Satanás que montaría su guerra contra Dios (vea Isaías 14:13).

Las palabras más importantes de Jesús están en la gran comisión. Declara que los cristianos son testigos de Él en Jerusalén, Judea, Samaria y hasta lo último de la Tierra. La verdad es que la iglesia nació en Jerusalén, pero no ha sido testigo de Jesús en Jerusalén, Judea y Samaria. La iglesia no ha imitado el amor que manifestó Corrie ten Boom. Usted y yo debemos humillarnos, orar y ponernos de pie en la brecha. No es este un llamado para juzgar a la iglesia, sino para decir, simplemente: "Señor, soy yo, necesito oración".

Si ora usted diariamente, será parte de la respuesta del Señor a esta oración, parte del destino de la Ciudad de David. Póngase en contacto conmigo, en el Equipo de Oración Jerusalén, P. O. Box 910, Euless, TX 76039, EE.UU.

La Casa Corrie ten Boom en Haarlem, Países Bajos, es el centro del Equipo de Oración Jerusalén en ese país. Desde allí se alienta a iglesias de todas las naciones a orar por la paz de Jerusalén. Todos los días hay una reunión de oración por la paz de Jerusalén en la casa de los Ten Boom, que cumple así con la responsabilidad de su abuelo.

Es asombroso que la familia Ten Boom oraba el Salmo 20 pidiendo protección, y que Corrie se los decía a los judíos que ocultaban en la casa: "No se preocupen, hay ángeles en esta casa. No los ven, pero allí están, protegiéndolos". Ni uno de los judíos protegidos allí fue atrapado, ni siquiera los que estaban allí después de que vinieran los nazis para arrestar a la familia Ten Boom.

A lo largo de los años se ocultaron muchos judíos en la relojería, algunos por unos pocos días antes de partir hacia Palestina, escapando de los hornos de Hitler. Cuando la Gestapo (la policía secreta alemana) allanó la casa, toda la familia Ten Boom fue arrestada.

"Fue la última vez que la familia ten Boom estuvo reunida. Opa, sus hijos y un nieto. Cien años antes, casi el mismo día, en 1844, su padre había iniciado un grupo de oración por 'la paz de Jerusalén'. Y ahora, aquí estaba por ayudar a los judíos a escapar de la persecución nazi, y la muerte". (Return to the Hiding Place, Hans Poley, p. 145. El Sr. Poley fue el primer judío a quien refugiaron y ocultaron los Ten Boom).

Casper (84), Betsie (59) y Christiaan (24) murieron prisioneros. Corrie sufrió en prisión, pero por milagro vivió para contar la historia. Cuatro judíos escondidos allí, jamás fueron atrapados. Escaparon milagrosamente. Aunque los nazis sabían que estaban allí, nunca lograron encontrarlos.

Uno de esos cuatro judíos era un rabino que juró volver y alabar a Dios. El 28 de junio de 1942 la familia Ten Boom lo acogió en su casa. Su nombre era Meijer Mossel. Era el cantor de la comunidad judía de Ámsterdam. Les dijo a los Ten Boom:

– Soy un *chazzen* (cantor) ¿Dónde está mi Torá? ¿Dónde está mi *shul* (sinagoga)? ¿Dónde está mi congregación? Los *goyim* (gentiles) lo han destruido todo. Han venido a perseguir a los hijos de Sión. Mi único propósito en la vida es cantar alabanza a Adonai, el Señor, Soy un *yehude*, un yid (el que alaba a Adonai)".

En marzo de 1974 fue a la habitación de Corrie ten Boom, y con lágrimas de gozo cantó al Todopoderoso, en hebreo. La vida del rabino había sido salvada por el poder de la oración. Para su sorpresa, Corrie entró en la relojería. Le sonrió cuando él bajaba las escaleras. Ella acababa de regresar de la filmación de la película *El refugio secreto*, producida por la Asociación Billy Graham.

Durante aproximadamente cien años, desde 1844 a 1944, los Ten Booms realizaron reuniones para "orar por la paz de Jerusalén". Era asombroso que dieciocho años después yo restaurara la relojería. Pensar que el Señor finalmente pudo atravesar mi dura cabezota para decirme que la oración es la llave...la ÚNICA llave.

La Madre Teresa fue una de las primeras personas que me dijo que oraría diariamente por la paz de Jerusalén, en Roma, según el Salmo 122:6. Me dijo: "El amor no es algo que se dice; es algo que se hace". Lo creo, con todo mi corazón. Es por eso que apelo a usted, para que se una a mí en ver lo que vio el rey David... lo que vio Salomón... lo que vio nuestro amado Señor cuando oraron en Jerusalén. Todos ellos sintieron el poder de Dios en Jerusalén: ¡la gloria de Dios llenaba las casas donde estaban!

Cuando usted y yo oramos *La oración de David*, oro porque la gloria de Dios llene nuevamente la casa.

David tenía el mayor récord de oraciones respondidas. Simplemente oraba una "oración de Dios", que usted también puede orar. Él creía en ella, y ¡usted también puede creer!

1• Únase a mí, para orar esta maravilla, *La oración de David*, ¡todos los días!

2• Tengo un calendario en el que marco (Victoria de Oración de David, VOD), cada día cuando oro. Algunos días, marco ASP (A Salvo del Peligro), o RTB (Recuerda Tus Bendiciones), y CDC (Concede el Deseo de mi Corazón), o SRO (Señor, responde a mi oración), junto a VOD.

3• He escrito esta oración en una tarjeta, que llevo en mi billetera. Cada vez que abro mi billetera, ¡quiero que Dios bendiga mi ofrenda! Me gustaría mucho enviarle una de estas tarjetas (Que Dios recuerde todas mis ofrendas).

4• Lea este librito una vez por semana, durante este mes. Esta oración es una revelación, y puede usted recibirla, pero hasta que ella no entre en su corazón, no llegará el día de su coronación.

5• Personalice la oración. (Inserte su nombre en la oración, y ore con fe). Estoy más convencido de la existencia de Cristo, que de la mía. Esta oración es palabra de Dios. Cuando Jesús se me apareció, compré una

Biblia. Decía la Palabra de Dios, pero yo cambié el título a Palabras de Dios. Estas son sus Palabras, desde el cielo, para la Tierra. Es tiempo de que pongamos en ellas más fe que en nuestras circunstancias. He visto reyes, primeros ministros y presidentes que han sido homenajeados con todos los honores. Sin embargo, cuando uno honra la Palabra de Dios y le da la más alta prioridad en su vida, la fe crece y sobrevivimos a los adversarios de nuestra alma. No importa que vengan tormentas o mareas, siempre cumpliremos nuestro destino.

6• Espere un milagro. Cuando llegue el correo, dígase a sí mismo: "Ahí viene mi milagro". Cuando suene el teléfono, diga: "Es mi milagro".

7• Encuentre un compañero de oración que esté de acuerdo con usted. Visite a su compañero de oración cada semana, hablen sobre esta oración.

8• Comience a enseñarla en su escuela dominical. Si es pastor, le invito a predicarla en serie. Si participa de estudios bíblicos, hable allí de la oración. Para comenzar, hable de ella a sus amigos. Su cerebro cree en lo que usted dice, mucho más de lo que cree en lo que dicen los demás.

9• Comience a orar por los Estados Unidos, por Israel, por su familia y por sus seres amados… y, por supuesto, por usted mismo.

10• ¡Haga de *La oración de David* la palabra final en su vida! Permanezca en ella, medítela. Vea cómo sucede. Rechace todo lo que no esté en línea con esta palabra.

11• Ate a satanás cuando le diga que Dios no responderá. Según el curso natural de las cosas, las oraciones de David jamás habrían sido respondidas, pero así fue.

Comencé este libro en la ciudad de David, y casi exactamente un año más tarde, lo terminé allí. David recibió una palabra de Dios a través del profeta Samuel, que cambió su vida para siempre. Una Palabra de Dios también cambiará su vida para siempre. Si no entramos en **La Palabra**, no recibiremos **una** Palabra. Oro porque pase usted al menos quince minutos cada día, en la Palabra de Dios. Lea los Salmos de David. Hay joyas valiosas y poderosas que el Señor quiere darle.

El primer Salmo que leí fue el Salmo 1. Lo memoricé y todos los días lo meditaba. David declaró que si meditáramos la palabra de Dios noche y día, todo lo que hiciéramos prosperaría. He meditado en la palabra durante cuarenta y tres años ya. Seguramente, curará la meditación en las lamentaciones. El rey David se negó a llorar sobre las cenizas de la derrota. Muchos cristianos se ven atados por una mentalidad de esclavos: meditan en la derrota y el fracaso. Cuando uno decide que hay un Rey más grande que David, el Rey de reyes y Señor de señores, y que Él tiene un plan divino para nuestras vidas, la palabra de el Rey será la última palabra. Comience a meditar esa Palabra, y nada podrá detenerlo o impedirle cumplir su destino. Tendrá la mentalidad de un guerrero.

Termino este libro con una oración de acuerdo por usted, querido lector, de que hoy haga usted la conexión con Dios que cambiará su vida, al creer en *La oración de David*, permitiendo que el poder de la Palabra se convierta en un fuego insaciable en su alma.

La oración de David

"Jehová te oiga en el día de conflicto; el nombre del Dios de Jacob te defienda. Te envíe ayuda desde el santuario, y desde Sion te sostenga. Haga memoria de todas tus ofrendas, y acepte tu holocausto. Te dé conforme al deseo de tu corazón, y cumpla todo tu consejo. Nosotros nos alegraremos en tu salvación, y alzaremos pendón en el nombre de nuestro Dios; conceda Jehová todas tus peticiones" (Salmo 20:1-6)

Acerca del autor

El reverendo **Michael Evans** es autor de varios *best-sellers*, mencionado como tal en la revista Time. Ha escrito diecisiete libros. Sus últimos tres son: *La oración de David en tiempos de adversidad, The Unanswered Prayer of Jesus (Las oraciones no contestadas de Jesús) Why Christians Should Support Israel* (Por qué los cristianos deben apoyar a Israel) disponibles solo en inglés en librerías o contactando su oficina.

Evans ha estado en la BBC, el *Good Morning Show* en Londres, *Good Morning America, Nightline* y *Crossfire*. Sus artículos han sido publicados en periódicos de todo el mundo, incluyendo el *Wall Street Journal* y el *Jerusalem Post*.

Ha sido confidente de la mayoría de los primeros ministros de Israel y de los dos alcaldes de Jerusalén. Ha recibido numerosos premios, incluyendo el Premio Embajador, del Estado de Israel.

Es un dinámico disertante, que ha hablado en más de 4000 iglesias, y en 41 estadios de todo el mundo. Su voz ha sido oída en el Palacio Real de Madrid, y en el Palacio del Kremlin, en Moscú, entre otros lugares. Ha estado en los eventos más importantes de Israel durante más de dos décadas, desde el funeral de Estado de Yitzchak Rabin, a la firma de los Acuerdos de Paz de 1993, y a la 43ra Asamblea General de las Naciones Unidas de Ginebra.

Además, el Sr. Evans lidera reuniones cumbre de oración en todo el mundo, en iglesias y con líderes nacionales e internacionales. El honorable Ehud Olmert, ex alcalde de Jerusalén y ahora Vice Premier de Israel, y el ex Primer Ministro Benjamín Netanyahu, son amigos personales del Reverendo Evans y firmes seguidores del Equipo de Oración Jerusalén. La esposa del Sr. Evans, Carolyn, es fundadora de la Asociación Mujer Cristiana del Año. Esta organización ha premiado a mujeres notables como Ruth Graham, Elizabeth Dole, la Madre Teresa, Vonette Bright, Didi Robertson y Shirley Dobson.

Mike y Carolyn viven en Fort Worth, Texas. Tienen cuatro hijos: Michelle, Shira, Rachel y Michael David. Tienen tres nietos: Jason, Ashley y Joshua.

Michael D. Evans
Teléfono: (817) 268-1228
FAX: (817) 285-0962
E-mail: jpteam@sbcglobal.net

Oraciones de David

Salmo 142

Oración cuando estaba en la cueva

*Con mi voz clamaré a Jehová; con mi voz pediré a Jehová
misericordia. Delante de él expondré mi queja; delante de él
manifestaré mi angustia. Cuando mi espíritu se angustiaba dentro
de mí, tú conociste mi senda. En el camino en que andaba, me
escondieron lazo. Mira a mi diestra y observa, pues no hay quien
me quiera conocer; no tengo refugio, ni hay quien cuide de mi vida.
Clamé a ti, oh Jehová; dije: Tú eres mi esperanza, y mi porción
en la tierra de los vivientes. Escucha mi clamor, porque estoy muy
afligido. Líbrame de los que me persiguen, porque son más fuertes
que yo. Saca mi alma de la cárcel, para que alabe tu nombre;
me rodearán los justos, porque tú me serás propicio.*

Salmo 3:5-6

*Yo me acosté y dormí, y desperté, porque Jehová me sustentaba.
No temeré a diez millares de gente, que pusieren sitio contra mí.*

Salmo 17:8, 15

*Guárdame como a la niña de tus ojos; escóndeme bajo la sombra
de tus alas En cuanto a mí, veré tu rostro en justicia; estaré
satisfecho cuando despierte a tu semejanza.*

Salmo 18:2, 28-29

*Jehová, roca mía y castillo mío, y mi libertador; Dios mío,
fortaleza mía, en él confiaré; mi escudo, y la fuerza de mi salvación,
mi alto refugio. Tú encenderás mi lámpara; Jehová mi Dios
alumbrará mis tinieblas.
Contigo desbarataré ejércitos, y con mi Dios asaltaré muros.*

Salmo 19:14

*Sean gratos los dichos de mi boca y la meditación de mi corazón
delante de ti, oh Jehová, roca mía, y redentor mío.*

Salmo 20:7

Estos confían en carros, y aquéllos en caballos; mas nosotros del nombre de Jehová nuestro Dios tendremos memoria.

Salmo 23:4

Aunque ande en valle de sombra de muerte, yo temeré mal alguno, porque tú estarás conmigo; tu vara y tu cayado me infundirán aliento.

Salmo 27:4

Una cosa he demandado a Jehová, esta buscaré; que esté yo en la casa de Jehová todos los días de mi vida, para contemplar la hermosura de Jehová, y para inquirir en su templo.

Salmo 28:7

Jehová es mi fortaleza y mi escudo; en él confió mi corazón, y fui ayudado, por lo que se gozó mi corazón, y con mi cántico le alabaré.

Salmo 30:5

Porque un momento será su ira, pero su favor dura toda la vida. Por la noche durará el lloro, y a la mañana vendrá la alegría.

Salmo 34:4, 7-10

Busqué a Jehová, y él me oyó, y me libró de todos mis temores. El ángel de Jehová acampa alrededor de los que le temen, y los defiende. Gustad, y ved que es bueno Jehová; dichoso el hombre que confía en él. Temed a Jehová, vosotros sus santos, pues nada falta a los que le temen. Los leoncillos necesitan, y tienen hambre; pero los que buscan a Jehová no tendrán falta de ningún bien.

Salmo 37:37

Considera al íntegro, y mira al justo; porque hay un final dichoso para el hombre de paz.

Salmo 40:2-3

Y me hizo sacar del pozo de la desesperación, del lodo cenagoso;
puso mis pies sobre peña, y enderezó mis pasos. Puso luego en mi
boca cántico nuevo, alabanza a nuestro Dios. Verán esto muchos,
y temerán, y confiarán en Jehová.

Salmo 46:1-2

Dios es nuestro amparo y fortaleza, nuestro pronto auxilio en las
tribulaciones. Por tanto, no temeremos, aunque la tierra sea
removida, Y se traspasen los montes al corazón del mar.

Salmo 91:1-2, 10-11, 15

El que habita al abrigo del Altísimo morará bajo la sombra
del Omnipotente. Diré yo a Jehová: Esperanza mía, y castillo mío;
mi Dios, en quien confiaré. No te sobrevendrá mal, ni plaga tocará
tu morada. Pues a sus ángeles mandará acerca de ti, que te guarden
en todos tus caminos. Me invocará, y yo le responderé;
con él estaré yo en la angustia; lo libraré y le glorificaré.

Salmo 92:10

Pero tú aumentarás mis fuerzas como las del búfalo;
seré ungido con aceite fresco.

Salmo 119:114

Mi escondedero y mi escudo eres tú; en tu palabra
he esperado.

COMIENZA A EMITIR DESDE JERUSALÉN

"Informe de Oración Jerusalén" ofrece noticias, con un enfoque en la oración

JERUSALEN, 20 de marzo de 2003 – El Equipo de Oración Jerusalén, un movimiento de oración masivo, comprometido a orar por Israel y la paz de Jerusalén, emite un nuevo programa de radio de 60 segundos que ofrece noticias y necesidades de oración de Israel.

El programa, llamado "Informe de Oración Jerusalén", se emite en vivo, seis días a la semana. Ofrece noticias actualizadas de las actividades militares y de guerra en Israel, además de otras áreas en las que se necesita oración.

"Este programa ofrece noticias de Israel a los cristianos de los EE.UU.", informa Michael David Evans, fundador del Equipo de Oración Jerusalén y de la Fundación Corrie ten Boom. "Estos informes les permiten a los cristianos saber cómo orar por el pueblo judío, lo cual es vital", dijo.

El "Informe de Oración Jerusalén" se emite en vivo todos los días a las 05:00, aunque las estaciones de radio son libres de utilizar el programa en otros momentos del día. Producido y conducido por el veterano periodista Dave Bender, ex productor del programa de radio del Jerusalem Post, el programa es complemento del servicio de noticias en Internet, online en el website del Equipo de Oración Jerusalén (www.jpteam.org/news.asp).

El Equipo de Oración Jerusalén nació en la relojería de Corrie ten Boom, en los Países Bajos. Los Ten Booms se reunieron para orar durante cien años –orando por la paz de Jerusalén– desde 1844 hasta 1944. Esto acabó cuando fueron llevados a los campos de concentración nazis, después de salvar la vida a más de ochocientos judíos.

El objetivo del Equipo de Oración Jerusalén es el de reunir un millón de personas en los EE.UU. para que oren diariamente por la paz de Jerusalén. Más de trescientos líderes cristianos nacionales, como Pat Robertson, Tim LaHaye, Joyce Meyers y Ann Graham Lotz apoyan al EOJ. El equipo realiza muchos esfuerzos para mostrar aliento y amor por el pueblo judío, de parte de la iglesia cristiana norteamericana.

El EOJ no recibe subsidios del Estado de Israel, ni cree que Dios ame menos a los árabes en la tierra bíblica, de lo que ama a los judíos.

El "Informe de Oración Jerusalén" está disponible sin cargo para todas las estaciones de radio, distribuido por Renaissance Communications, Inc. Para acceder al informe, visite www.jpteam.org/radio.asp.

Esperamos que este libro haya
sido de su agrado.
Para información o comentarios,
escríbanos a la dirección
que aparece debajo.
Muchas gracias.

info@peniel.com
www.editorialpeniel.com